SUDOKU

SOLVE &
UNWIND

SIRIUS

SIRIUS
This edition published in 2024 by Sirius Publishing, a division of
Arcturus Publishing Limited,
26/27 Bickels Yard, 151–153 Bermondsey Street,
London SE1 3HA

ISBN: 978-1-3988-4376-9
AD012210NT

Printed in China

Contents

An Introduction to Sudoku

Each puzzle begins with a grid in which some numbers are already placed:

	9	6			8		3	
		1		4	2			
5						8	1	9
4		7	1	2				3
		8	7		6	5		
2				9	4	6		1
8	7	2						5
			3	5		1		
	3		2			4	6	

You need to work out where the other numbers might fit. The numbers used in a sudoku puzzle are 1, 2, 3, 4, 5, 6, 7, 8 and 9 (0 is never used).

For example, in the top left box the number cannot be 9, 6, 8 or 3 (these numbers are already in the top row); nor 5, 4 or 2 (these numbers are already in the far left column); nor 1 (this number is already in the top left box of nine squares), so the number in the top left square is 7, since that is the only possible remaining number.

A completed puzzle is one where every row, every column and every box contains nine different numbers:

Column ↓

Row →

Box →

7	9	6	5	1	8	2	3	4
3	8	1	9	4	2	7	5	6
5	2	4	6	7	3	8	1	9
4	6	7	1	2	5	9	8	3
9	1	8	7	3	6	5	4	2
2	5	3	8	9	4	6	7	1
8	7	2	4	6	1	3	9	5
6	4	9	3	5	7	1	2	8
1	3	5	2	8	9	4	6	7

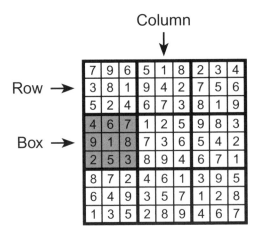

1 ★

6		2	5	7				3
		1		8		6	5	4
		3			4			
1	5		4		7		2	8
	6	4		2		9	7	
3	2		9		8		1	6
			1			8		
9	1	6		3		5		
4				9	5	2		1

2

5	8	3		7				1
	7				4	2	5	8
		6	5	1		7	9	
			1	3				2
3	9			2			1	6
2				9	7			
	1	4		5	2	3		
9	5	8	6				2	
7				8		6	4	5

3 ★

3	8	5		2			7	4
	7				3		6	
			7	5			9	
9		2	6		5	8		3
8	4			9			5	1
7		3	1		4	6		9
	9			1	7			
	2		4				1	
5	3			6		4	8	7

4

3	6				1	8		5
	2	9	7		8		4	
		4		3	9			1
				1	2	4	6	3
		5		9		7		
2	4	3	8	6				
7			9	8		5		
	9		1		5	6	3	
8		6	2				1	7

5

2			7		3		5	4
	3			9	4		8	1
7	9				8			2
		6		4	7	1		
8		1		2		3		7
		9	8	1		4		
4			5				7	9
1	5		6	8			4	
9	8		4		2			6

6

	8	3		7	1			5
2	9			8		4		
5	4		9			7		6
1					3		5	
9		4	7	1	8	3		2
	6		2					9
7		6			9		1	3
		5		2			9	8
8			1	6		2	4	

7

7		8		3		2		5
5			6		8		4	
	3	1		9	2	7		
2			9			8	7	4
1				2				3
9	8	6			7			2
		5	4	8		6	2	
	9		7		3			8
8		4		1		5		9

8

2			7	8		6	1	3
	7	6	1			9		2
5	3		9					
		8			9		6	4
	5		2	6	4		7	
9	6		5			3		
					7		4	8
4		7			2	1	3	
6	8	2		3	1			5

9

	2			5	8		1	4
5	6		2			7		8
		4	9		7			5
	3	5		9				2
		1	8	3	2	9		
6				1		4	8	
7			1		3	8		
2		9			4		3	7
3	4		5	7			6	

10

5		8	4	1	6			9
		9		7		8	5	6
		3	9		5			
	3		5		1			8
1		5		6		2		7
8			7		3		4	
			2		4	7		
6	2	4		3		9		
3			6	9	8	4		2

11

1		8	2	6		7	5	
					4	3	6	1
	7	4		3				9
			9	1		5		2
4	5			2			1	8
2		1		8	5			
5				9		8	3	
3	6	2	7					
	1	9		5	6	4		7

12

8		1		2	4	3		9
3	2	6		8			5	
			6			8	7	2
	4		9	1				
9	6			4			1	7
				7	5		4	
2	8	4			3			
	9			5		1	2	8
7		5	2	9		6		4

13 ★

8		1				7	6	4
	4			1	6	2	5	
		7		2			9	3
	1				2			9
9		5	3	6	8	4		2
6			4				7	
2	9			3		5		
	3	4	6	8			2	
7	5	6				8		1

14

1	6				3		4	5
		8			5		2	
5	2		7	4	8			9
		2	4		9		7	
4	5			7			8	2
	1		8		2	3		
8			1	2	7		3	6
	7		9			1		
6	3		5				9	7

15

	9		5			4		7
5	6	1		7		8		
				6	8	9		
8	5		2		3		4	9
1		2		9		6		3
9	7		6		4		1	5
		9	8	3				
		5		4		1	2	8
4		7			2		9	

16

8	3	4		6				2
				3	2		4	9
	9		4					1
	4	2	7		5	9	1	
7		8		9		5		3
	6	9	3		1	4	8	
6					7		9	
9	8		2	5				
4				1		2	7	8

17

9		8	1	4			5	3
3			5			8		9
	2	6	9		3			
	3	9	6					2
	6		8	3	7		1	
4					9	7	3	
			3		1	4	7	
1		7			8			5
8	4			2	5	6		1

18

4	3			7		9	8	
2		7	1	9			3	
5	6			2		4		
8					6		5	
	5	4	2	1	9	7	6	
	1		7					3
		3		6			2	5
	2			8	1	6		4
	9	8		4			7	1

19 ★

6	3	4			2		8	
1					6		5	2
	5			7	8	6		1
	2	1			3			4
		3	9	1	5	8		
7			2			1	9	
5		7	6	4			3	
8	9		5					6
	4		8			9	7	5

20

4	7			8	2			1
1		5		6		8		2
			3				5	
8	9	2	6		5	7		
5		3		7		6		9
		7	9		3	5	8	4
	2				4			
7		1		3		9		8
9			7	5			3	6

21 ★★

	2		6	4		7		5
		6	7			3	1	
1	5		3					
8	1		9			5		
3			1		7			2
		4			2		9	8
					9		2	4
	7	9			6	8		
6		8		5	3		7	

22

3		8	9	5		4		
	1	4		7		9	5	
					2			1
6	9	5	1				3	
	2						7	
	3				6	8	1	5
9			8					
	4	3		2		5	6	
		6		1	3	7		2

23

★★

			7	3	9			6
			1		8			2
6	7	1		5				8
		9	2		5		6	
4	5						3	1
	6		3		1	2		
8				2		4	7	9
5			9		4			
9			6	8	7			

24

8	1	6				4	3	9
	3		6				5	
9			8	1				7
	6		2					1
		9	3		4	8		
7					5		9	
3				2	6			5
	2				7		4	
6	9	4				7	8	2

25

2			1	8		6		3
	3				4			
6		4			7		5	
4		8	6			7		1
	2			1			9	
1		5			3	2		4
	8		9			3		7
			8				6	
9		6		2	5			8

26

		5	1				9	2
			2			7		
9	7			8	3		4	
1	3				9		2	8
		6		3		4		
4	2		7				3	5
	8		5	4			6	9
		9			8			
7	1				6	8		

27

	4	7					6	
		9		3	7		1	8
		3	9		2	5		
4	9			7	8			
5			6		9			2
			2	1			3	9
		5	8		4	6		
8	2		1	5		3		
	1					8	4	

28

				2	5		3	
8	9	4				2		
5					9		1	6
		9	1	7		3	6	
	4		6		8		2	
	8	1		9	3	5		
7	6		4					5
		2				7	4	3
	3		9	1				

29

	3	9		5		2		4
			3	7	1			
8	6					5		
5					6	8	4	1
	2		1		3		6	
7	1	6	5					9
		2					8	6
			4	3	2			
9		5		6		1	3	

30

4			6		8			2
2		8	5		1	7		4
	3			4			1	
	8		2	6	4		5	
7		4				6		9
	5		8	7	9		4	
	6			8			2	
8		5	9		6	1		3
3			4		7			6

31

★★

	5	9		3	2			
1		6		5			4	
7		2					3	8
		4	7					2
5	7		1		8		9	6
6					5	3		
3	8					9		4
	9			1		6		5
			2	8		1	7	

32

	5	4		7				6
	6	3				2		9
1	7		8	9				
		8	1				3	
6		5	7		9	4		1
	2				4	5		
				2	8		6	4
2		9				1	8	
3				4		7	5	

33

4			2		7			5
	2			6			7	
	7	5		3		6	1	
	9	6	7		1	4	2	
7			3		4			6
	4	3	9		6	7	8	
	5	4		9		1	6	
	8			4			3	
1			6		2			8

34

5				2	4		9	8
9			8			7	3	
		1	9				2	
1		8		6			5	
		7	3		1	6		
	3			7		4		9
	4				7	8		
	1	2			3			5
6	8		1	4				3

35

★★

	9		8	7		3		
6	1				9			8
5			4			7	1	
			7	1		4	6	2
	3						9	
1	2	6		5	4			
	7	9			5			1
2			3				8	4
		5		6	8		2	

36

7	5							1
	4		6		2		8	
	6			4	5	3		9
6		7		5	3			
		8	1		6	2		
			2	9		6		4
2		3	9	8			4	
	8		3		7		1	
9							3	7

37

		8		2		6		
	4		1		7		8	
2		9		3		7		4
7		3	4		5	1		2
	5		2		6		7	
6		2	7		3	8		5
9		5		6		4		7
	2		5		1		9	
		1		7		5		

38

	8			3			6	
		3	9		1	7		
9		7	6		4	3		2
	4		5	2	9		3	
3		2				5		1
	9		3	1	7		4	
4		9	1		5	8		6
		8	2		3	1		
	1			9			7	

39 ★★

		7		9	8			6
	5				4	2		9
	1	2	7				8	
				2	9	1	3	4
		6				7		
1	2	3	4	5				
	3				6	8	4	
7		9	5				2	
5			8	1		3		

40

		9			7			1
	4		9	6	1		5	
	5	8			3	7	9	
		1			4			8
	2	3				4	6	
6			7			9		
	1	5	8			2	3	
	3		4	2	9		7	
4			3			6		

41

5		7			2	3		9
	9	8	3			5	6	
		3		5		4		
				4	1		2	3
8								6
7	3		6	9				
		4		7		2		
	1	9			5	7	4	
2		5	8			6		1

42

2			1		6			8
		8		3		5		
	3	7		9		6	2	
	6	9	2		4	1	3	
4			3		5			6
	5	3	6		9	8	4	
	7	4		5		2	6	
		1		6		4		
3			4		1			7

43

★★

	2		5	3				4
		1	4			7	6	
8	4	5			9			
		4		9			5	6
		8	1		3	2		
3	9			4		8		
			7			6	9	2
	7	9			6	5		
5				1	8		3	

44

5		4					9	
			3	8	6			
	7	6		9			1	2
8	4	3			9			7
		1	6		3	4		
9			4			2	5	3
7	9			4		6	3	
			1	6	2			
	1					5		4

45 ★★

	3	5	4	9				
		8	3			1	2	
	9		8		6	4		
1			9	5				8
5		9				2		7
4				8	2			5
		6	2		7		3	
	1	2			9	6		
				1	8	5	9	

46

1	6	7	4					
5				6		2	4	
	2	3		7	9		8	
9				1	5			
8		1				3		4
			3	8				9
	4		7	3		1	5	
	8	6		5				3
					2	7	9	6

47 ★★

	3		1				5	7
7		8			9		4	
		6		8	3			1
			9	4		5	7	2
1								6
5	2	9		7	8			
2			3	5		4		
	7		4			1		8
3	9				6		2	

48

			4			7	3	
4	7		6					8
6		3	8	9			1	
	2	5			1			9
		1	7		6	4		
3			2			5	7	
	6			3	4	8		5
5					8		6	2
	1	9			2			

49

			3	8	1			
	6	3		7			4	5
9		2					7	
8	2	1	7					6
		4	1		3	2		
7					2	5	9	1
	4					9		2
6	7			2		3	1	
			5	3	4			

50

	4	7			2	1	8	
		8		6		9		
9		6	1			5		4
				5	7		6	3
	7						2	
8	3		4	9				
7		1			3	2		5
		9		1		3		
	5	3	8			6	1	

51

		2		6	4		5	
8					5	7		9
4	1	5	3					
	6	3		5				1
1			6		8			2
5				3		4	7	
					9	3	2	7
3		9	7					4
	4		1	8		6		

52

7			1	8			2	9
1		3		2		7		4
	6				5			
4	7	6			8	1		
		2				9		
		1	7			8	4	5
			2				8	
3		8		9		4		6
5	1			4	6			3

53

1			7		5			8
5			6	1		2	4	
6	3						9	
				4	7	5	1	
		8	5		9	7		
	5	3	2	6				
	4						3	2
	7	2		8	4			1
8			3		2			9

54

			9			2		1
	8	3	6	7				4
4	9		3				8	
5		8			9		7	
		6	4		5	1		
	2		1			8		9
	3				4		6	5
1				2	3	7	4	
7		5			6			

55

★★

3			5		7			
6				4		7	9	5
5			2	6	9			
		5	4		3		2	
7	3						1	8
	2		1		8	4		
			9	1	5			2
2	9	8		3				6
			8		6			4

56

5		7		4		6		8
2	4			9	8			7
			3				1	
3	5	9			7	8		
		2				4		
		8	9			1	7	5
	9				4			
6			1	5			8	3
1		5		2		9		6

57 ★★

	8			1			6	
	5	3			9	8	1	
6	9		2				4	3
				8	3	6		7
2								4
1		7	4	5				
9	1				6		7	5
	2	5	7			4	9	
	7			9			8	

58

	3		2		8		1	
1		2		6		4		7
		9		7		3		
7		8	5		1	6		2
	2		9		7		5	
5		3	6		2	7		9
		5		2		8		
2		1		9		5		4
	4		8		5		7	

59

★★

7	9			4		5		
			2			7	6	8
	1			5	8		4	3
				9	5	6		
3		9				1		5
		6	4	3				
5	2		6	8			9	
8	7	3			1			
		4		7			1	2

60

4					6			8
1	8	3				4	6	9
		2		4	3	5		
		6			5			1
	1		2		8		9	
3			4			7		
		1	9	7		6		
7	3	9				1	8	2
2			3					5

61 ★★

	2		6		8		9	
		9		1		5		
1		4		7		6		2
5		1	7		6	9		3
	3		5		1		6	
6		7	3		2	8		1
4		3		5		2		6
		8		6		3		
	1		8		3		4	

62

			9		8			4
7	6	9		2				8
			6	1	5			7
	7		1		9	4		
3	2						1	9
		5	4		2		7	
5			7	8	6			
8				4		3	6	5
2			5		3			

63

★★

	3	8	9	1				4
1			3		5			6
		9				5		3
			8	9		4	7	
	1		6		7		8	
	5	7		2	3			
2		5				6		
4			7		8			1
7				4	2	9	3	

64

			8			1	7	3
6	5				3		2	
		3		4	7			9
	1			3		4		8
	9		4		2		1	
7		6		8			3	
4			1	2		7		
	7		6				8	5
8	6	9			5			

65

★★

	6	4	3			1	5	
1	7				6		8	2
	2			8			4	
				2	1	9		4
		3				5		
9		8	5	7				
	9			6			2	
7	3		9				6	5
	8	6			4	7	9	

66

9				2	4			8
	2				7		6	
4	5	6				7	1	2
	4		2					3
		5	9		6	1		
7					8		5	
1	3	4				6	9	5
	9		4				8	
5			1	3				7

67 ★★

		4		3			2	7
			8	9		5	3	
1		9					4	6
	6		5					8
7		5	3		9	4		2
2					7		1	
5	8					1		9
	4	7		1	8			
3	2			7		6		

68

7	6		1				8	
		8	3	9				5
					7	2	1	6
6		5		4			3	
	3		5		9		2	
	4			6		1		8
4	8	3	6					
2				5	8	4		
	9				4		7	1

69

★★

		6		9	8			3
4	8	3	7					
	1				3	5	2	
	3			7		8		5
	4		9		1		6	
9		7		3			4	
	7	2	5				8	
					2	7	5	6
8			4	1		9		

70

				9	8	4		5
1		9			4			6
6			1		7	2		
	9		4	5			8	
4	5						7	1
	3			8	1		5	
		4	8		6			3
8			2			1		9
5		2	3	4				

71 ★★

	9		8		5	1		
	1		6		7	8	2	
		4		3				9
7		8			1		4	
	2			6			5	
	6		9			3		2
1				5		2		
	5	9	7		6		3	
		7	2		4		9	

72

		2	9		4	1		
7		3						5
		9		2	3		6	8
9	7			3	6			
	1		5		9		4	
			4	8			9	2
4	6		8	1		2		
8						6		7
		1	6		7	5		

73

		4		6	1	8	3	
	9		2					
7		1		3		5		4
9	4	5	6					1
3								8
1					4	2	5	6
6		7		8		9		5
					3		6	
	1	2	9	5		7		

74

			2				6	
6		5		4	8			3
	9		7			2		5
8		7			5	4		2
	1			8			3	
2		3	6			9		8
7		6			1		4	
4			9	3		5		1
	5				4			

75

★★

	9			6			4	
8	4			3			1	6
		2	4		9	8		
3	2		6		7		5	4
		4	2		3	6		
6	7		1		4		9	2
		1	9		6	5		
2	8			7			6	1
	5			2			3	

76

					9	2	3	4
6		5	4			7		
	4		2	1				8
		3		4			1	9
		8	7		1	3		
2	6			9		4		
1				7	3		2	
		2			6	9		5
9	8	6	5					

77 ★★

		9	3	2	8	6		
5		3			7	9		4
	8				5			3
	4				6			8
6		2				1		7
3			5				2	
2			7				6	
1		7	4			8		9
		5	6	1	3	7		

78

		7	2	6	5			
		8	9		3			
		3		4		7	9	2
7			8		4		5	
6		9				1		4
	8		6		9			7
2	1	5		8		3		
			5		1	4		
			7	3	2	5		

79

★★

1	5			7	2	6		
8		6			5			1
					8	9	3	
	1	4	8					7
	2		4		6		9	
3					9	8	1	
	4	7	2					
5			6			4		2
		9	5	3			7	6

80

8	2	6			7			
	9			4		3		2
5		4	8	9		1		
	6		9	3				
9	1						3	5
				5	4		6	
		3		8	6	7		9
7		1		2			4	
			1			2	5	8

81 ★★

3			4					6
	7		5	3			2	
1	5	6				4	3	8
	4		2					1
		1	6		7	8		
5					3		9	
9	8	5				6	1	7
	1			9	8		4	
7					5			2

82

		4	9		7			8
6		7	5			4		
			3	6		1		5
	2		7	3			1	
	1	5				7	9	
	6			1	5		3	
8		1		5	2			
		3			8	6		7
5			4		3	2		

83 ★★

9	8			5		3		
3	4					6	1	
5		7	2	6				
	2		7					4
	9	3	5		6	7	8	
1					8		9	
				1	2	8		3
	6	1					7	2
		4		8			5	9

84

2			7		9			4
		1				7		9
	9	6		2	1			5
	7	8	9	3				
	2		8		4		6	
				1	6	5	8	
8			3	5		1	9	
3		7				4		
5			6		8			2

85 ★★

			2	3		1		
9	2	8		6		5		
					9	7		
8	5		4		6		1	7
	3	4				9	8	
6	1		9		3		2	5
		6	5					
		2		7		8	5	4
		1		4	2			

86

7	8	1				4	3	5
		4		8	1	6		
	3				7		9	
		6	9				4	
4			5		3			1
	7				2	8		
	2		6				5	
		3	7	2		9		
5	4	7				2	1	6

87

	1	2			8	3	4	
		4			3			6
	7		4	5	6		1	
5			3			4		
	9	8				7	5	
		6			7			2
	8		7	9	4		3	
7			8			5		
	6	1	2			9	8	

88

8		2	9		1	6		7
	4			6			1	
		6	5		8	2		
	9		8	7	3		6	
6		7				3		5
	8		2	5	6		9	
		4	6		7	5		
	5			8			2	
9		8	3		5	4		1

89

		4	3		1	2		
3				7				1
1	2			9			7	6
8	7		1		6		4	3
		1	9		4	7		
4	9		8		7		1	5
2	4			8			6	7
5				4				9
		6	7		3	5		

90

9			5		3		7	6
	8			1		4		
4			2		7		9	
3					4	6	1	
6				3				2
	7	5	9					8
	5		8		6			4
		9		2			6	
2	4		3		5			1

91

★★

9					6			1
4	1	5				9	6	7
		3		9	5	8		
5			9			2		
	4		3		1		7	
		6			8			4
		4	7	2		6		
2	5	7				4	1	3
3			5					8

92

3	9		5					
		7	8			5		4
4			2	6		7	8	
5	7		3			9		
	3		4		1		2	
		6			5		7	1
	6	4		9	8			3
1		2			4	8		
					2		1	6

93

	1		9	8			7	
		8	3			5		
5	9	2				4	8	3
	3		7			2		
2			5		1			4
		9			8		6	
9	4	6				1	2	5
		1			9	7		
	2			6	4		3	

94

	6			8	7	5		1
	8		6		9		2	
	7	4				3		
4		6		7	1			
2			3		6			9
			9	5		8		6
		5				4	1	
	2		1		4		3	
1		9	5	2			8	

95 ★★

			9			2		
4	9	5		6		8		
				7	4	3		
3	6		7		9		8	4
7		1				9		5
8	5		6		1		2	3
		3	4	1				
		4		2		5	1	8
		6			8			

96

3	4				6			
		9			8	6	2	
	2			5	1	9		8
9	6				4	3		
4			7		2			1
		5	6				7	9
5		2	8	3			4	
	7	1	2			8		
			1				5	7

97 ★★

	9	3			8			4
		2			7		5	
1		5	3	2				8
		8		7			2	6
	7		8		3		1	
3	5			1		4		
4				9	2	6		5
	3		6			9		
6			5			8	7	

98

			9			6		
				8	3	2		
3	9	1		5		7		
7	1		5		4		6	2
8		4				9		1
2	5		8		9		7	3
		3		6		1	4	7
		2	3	4				
		5			7			

99

5	6	2				4		
	1				5		2	9
				3	8			6
		1	6	8		3		7
4			7		9			5
9		6		2	3	8		
6			1	4				
3	9		8				1	
		4				5	7	8

100

		6	3	1	2			
		1		9		6	3	4
		8	4		6			
	2		5		7			9
	8	4				5	7	
6			8		9		2	
			1		5	9		
5	3	2		8		1		
			6	7	3	2		

101

★★

9	2		8					4
	1		4	7				
		7				5	8	6
	9	1		3	2	8		
	7		6		9		5	
		4	1	8		2	6	
1	5	3				7		
				2	8		1	
4					5		9	3

102

	1	6			2	7	5	
	7				5			3
		4	7	9	3	6		
9			5				7	
	2	8				9	4	
	3				4			1
		2	4	8	7	5		
4			2				9	
	6	3	1			2	8	

103 ★★

3			6	8	2			9
		2			3		7	
4	5				1		8	3
	4		2			1		
8	3						2	7
		7			9		6	
5	1		3				9	6
	6		9			4		
2			4	7	6			5

104

3	4				9		5	1
9				1				6
8		1	2			4		9
			7	6		9	2	
		3				5		
	9	8		4	5			
1		2			3	7		5
6				8				2
4	7		1				6	8

105

★★

		2	8			1		9
8		4	3	5				
5			2		7	3		
	1		5	4			2	
	4	5				9	6	
	3			2	9		4	
		7	9		6			8
				1	2	4		5
1		9			5	7		

106

			5		6			2
			9	4	7			5
5	6	7		1				4
		9	1		2		5	
8		3				2		6
	1		3		8	9		
4				2		7	8	9
9			7	3	5			
1			8		4			

107

★★

		3				4	7	
	8		2		1		6	
5		9		6	7		2	
2		6	1	9				
1			3		2			8
				7	5	2		4
	6		9	8		1		5
	3		5		4		8	
	5	4				9		

108

	3		6		5			9
2	6		8		7			3
		9		4			1	
1					3	7	6	
5				8				2
	4	2	9					8
	2			5		3		
4			7		8		9	5
9			2		1		7	

109

	3	8		1				5
	2	9					4	7
1		6	9	7				
	8		1			7		
2	1		4		3		8	6
		5			2		9	
				4	9	3		2
4	7					6	5	
6				3		8	1	

110

	4	1		7		2		8
			5	9	4			
6	3					7		
7			3			6	8	5
	2		4		5		3	
9	5	3			7			1
		2					6	3
			2	4	8			
1		7		3		5	4	

111

★★★

		5	4				8	3
	7			2				6
3		4				9		
	3	1	2					
					1	7	5	
		3				4		7
6				8			1	
9	1				5	8		

112

		4	6	2		3		
	8				4			
		2				5		
9		3		5				
7		8	2		9	1		5
				8		6		7
		9				7		
			5				6	
		1		4	6	2		

113 ★★★

	4				9			
								8
				5	8	1		3
	6		4			7	8	
3				8				5
	8	1			7		2	
1		8	9	3				
2								
			6				7	

114

		5				8		
		8	3		2	7		
1	4						2	3
	1			4			8	
		9	1		5	4		
	6			9			5	
3	7						9	5
		2	7		3	6		
		6				1		

115

	3			7			6	
		1				9		
2			9		1			3
	6	5	4		9	1	2	
			2		7			
	7	2	6		5	8	9	
4			1		6			8
		8				7		
	2			5			4	

116

	8		4		5		6	
2	1			3			9	8
4								5
			3		9			
5								2
			2		6			
9								7
7	2			6			4	3
	3		7		2		8	

117 ★★★

	4	1	5	3		8	7	
			8	2				
3								
4				8			6	
	1		9		3		4	
	6			1				9
								6
				9	2			
	5	9		7	6	2	1	

118

	6	5	3		8	1	2	
			4	2	6			
	4			5			3	
		6				3		
	9						8	
		2				4		
	8			6			9	
			5	7	1			
	7	3	8		9	6	1	

119

★★★

		8				2		
6			5					
		5		8	7	4		
	9	4		2				
	3	6	9		8	1	2	
				6		7	3	
		1	7	5		8		
					2			7
		9				3		

120

5			1	2	6			4
2		4	7		3	5		6
9	2		6		7		5	8
	4						6	
6	3		5		4		1	9
4		8	3		5	9		1
3			2	6	1			5

121 ★★★

			4	5	8			
	6	5	1		2	8	3	
		1		3		4		
	4						5	
		2				7		
	1						8	
		7		8		2		
	8	6	2		7	9	1	
			3	9	6			

122

7		2				9		4
9	1			3			8	5
		4	3		5	8		
5								2
		1	2		7	3		
3	4			1			7	8
6		9				5		3

123

★★★

		1	6		8	2		
	6	8		5		9	1	
	7						6	
			1		7			
	3						8	
			8		5			
	9						3	
	8	4		1		7	2	
		2	9		3	5		

124

3					5	1		8
		1			9		7	
	2	6						5
					7	9		
	4						1	
		8	4					
6						3	2	
	5		6			7		
8		9	7					6

125

★★★

	6		8		1		3	
		2		7		4		
1			9		2			8
	5	8				7	6	
6								9
	9	3				1	4	
8			4		7			6
		1		8		5		
	2		3		9		1	

126

	3	7						
	1	8		9	3			
9					5			2
4					6			
	9			3			1	
			2					7
6			7					1
			5	1		3	8	
						7	4	

127

		9	3		1	4		
	8						9	
4			7		6			5
	4	5	6		2	3	1	
	1	6	4		8	5	2	
3			9		7			1
	2						7	
		7	2		5	8		

128

9			5		4			8
	6						2	
		1	6		7	3		
7	4		3		1		8	5
2	8		4		6		9	3
		9	7		3	8		
	5						7	
6			2		5			1

129 ★★★

			6	5	2			
	5	3	7		8	9	6	
	8			9			2	
		8				6		
	7						1	
		2				5		
	1			6			7	
	3	6	1		7	8	4	
			3	4	9			

130

2		5		8	7	3		4
	7							
				4	2			
	4			5		7		
		6	4		1	5		
		7		9			6	
			9	2				
							1	
9		8	3	1		6		5

131 ★★★

		2					6	4
8		7			2	5		
	3				9			8
			1					7
	8						1	
9					3			
3			4				2	
		4	3			7		9
5	6					4		

132

		6				1		
7			6		8			5
3		5		2		6		8
			5		1			
		8				9		
			8		2			
1		7		5		8		4
2			3		9			7
		9				3		

133

★★★

1								
			7			3		
4	5		1	9				
	8	1			3	6		
9				1				4
		2	8			1	5	
				4	7		1	5
		8			6			
								2

134

		3				8		
2			9		1			7
9		7				5		4
	7		3	5	6		8	
	9		1	8	4		2	
3		6				4		9
5			2		7			6
		9				2		

135

			3	6	7			
6		2	4		9	5		3
9				5				4
		1				8		
4								9
		5				2		
8				7				2
5		7	9		2	3		1
			5	1	8			

136

	5		7		9		1	
		7	1		3	8		
2				4				9
6	1						4	3
		3				2		
4	2						5	7
1				9				2
		6	5		2	1		
	9		4		8		6	

137

		5	4		2	8		
4								5
	6	8				2	3	
	4			5			2	
		7	2		1	3		
	8			9			4	
	3	4				7	5	
1								9
		6	7		4	1		

138

9			2	6		8		
					3		6	
2		1		5				
	3				7			
5				1				4
			6				9	
				4		2		5
	7		8					
		4		7	5			1

139 ★★★

	1		3		4		2	
3			7		9			8
		5				7		
		3	1	4	2	9		
	8						6	
		9	6	8	3	1		
		4				2		
9			4		6			7
	5		8		1		4	

140

	3		1		2		9	
8			3		5			1
		4		6		5		
4		6				3		8
	2						4	
1		7				2		6
		1		5		4		
5			6		9			7
	7		8		4		1	

141

★★★

			8	7	4			
8	5		2		1		9	7
4				5				1
	8						1	
6								2
	7						4	
2				8				6
3	1		6		2		8	9
			9	3	5			

142

							9	
			1	4				
4		2	9	8		5		1
	7			3		9		
		5	6		4	7		
		9		5			4	
5		7		6	2	8		3
				1	3			
	6							

143

★★★

8		1				5		9
	6						2	
9			8		2			6
		8		6		2		
1			4		8			7
		2		3		9		
4			2		7			5
	3						4	
7		6				1		2

144

7		3		9	2	5		8
							9	
				4	3			
	1			5				6
8			9		1			5
6				3			8	
			4	1				
	6							
5		4	6	7		1		2

145

★★★

	7							
	2	1		5	6			
					9			8
9					4	8		1
	5			1			3	
1		2	8					7
4			6					
			1	3		2	5	
							1	

146

3	4		2				5	
	5					6		1
		8	5					2
					2			3
		9				7		
4			9					
7					3	2		
5		6					8	
	1				8		4	7

147 ★★★

		5	4		3	1		
1			2		6			8
	8						9	
5	7		9		1		2	4
6	2		7		4		1	5
	3						7	
9			5		7			3
		2	3		8	6		

148

	7						4	
		6	2		1	8		
	3	5				2	6	
7			4	3	9			6
8			1	7	5			2
	5	2				4	9	
		9	8		6	3		
	8						2	

149 ★★★

			3				9	
1			9		6			
				8		7	3	
5	9		2					
	4			9			8	
					1		5	6
	8	9		4				
			7		9			2
	3				2			

150

			6				1	
6	2	8		4			9	
				8	9		7	
		4						6
2	5						8	3
9						1		
	7		9	3				
	6			1		5	2	9
	4				5			

151 ★★★

5					7			9
						1	7	
				9	4	8	6	
1			5					
		3		6		9		
					2			7
	8	9	6	3				
	7	6						
3			4					2

152

	3	8	2		1	4	6	
	1		7	5	3		2	
1	4		5		9		8	7
5								6
3	8		1		6		5	2
	6		3	7	5		1	
	5	1	9		2	6	7	

153

★★★

		7		5		1	9	3
		8		6	3			
		2	9					
	2							7
1		9				4		6
3							5	
					7	5		
			3	4		8		
7	4	1		2		3		

154

				1	4	6	7	
3					2			1
						4	8	
8			3					
		6		4		1		
					5			9
	8	9						
6			8					5
	4	7	2	6				

155

				4		1		3
	7				5		4	
						8		6
2	8		9					
3				1				4
					7		2	1
1		8						
	3		8				9	
6		5		3				

156

	6		7					
			8	3		5		2
								9
	5	6	4				7	
1				5				3
	9				6	2	5	
5								
3		2		1	5			
					8		4	

157

★★★

	8						2	
6	1		9		2		3	8
			8	1	3			
3	7		1		8		5	4
4								1
1	5		7		6		8	3
			4	6	5			
8	4		2		1		6	5
	6						9	

158

	3		2	8	6		5	
9	4		3		5		6	1
	1	2	8		7	5	9	
		4				8		
	8	3	5		4	6	1	
4	2		7		3		8	5
	5		6	2	8		4	

159

★★★

9		6	5		8	7		3
			9	3	2			
5				6				8
		4				1		
8								5
		7				6		
7				2				4
			6	1	4			
1		9	8		7	2		6

160

	2	9	5		7	8	4	
	3						2	
			9	2	4			
	8	6	2		1	5	9	
		5				4		
	9	4	8		5	6	1	
			6	5	8			
	7						8	
	6	8	7		3	2	5	

161 ★★★

				4		9		5
			9			7		
	3		7		6			
					3	1	6	
		2		7		4		
	1	7	8					
			5		7		8	
		9			8			
7		4		2				

162

	4		3		2		5	
2		7		8		1		9
	6						3	
		6		9		7		
			5		8			
		4		3		6		
	9						6	
3		2		5		4		1
	8		1		9		7	

163 ★★★

		3		8		2	7	4
		5	7					
		2		3	9			
	2							9
5		7				6		1
9							8	
			2	1		9		
					6	8		
4	6	9		5		3		

164

		7						1
	9		8					
				6		5		2
	4				3	2		
2		9		5		3		6
		1	9				7	
1		8		2				
					4		3	
5						6		

165 ★★★

	1		3		7		6	
		8				1		
2	7						3	4
3				8				9
	4		1		5		7	
5				2				3
4	5						9	6
		2				3		
	9		5		3		2	

166

		6				7		
	4		6		1		5	
9	1			8			6	4
6				3				8
			9		2			
3				7				6
1	3			5			8	7
	5		3		6		9	
		9				2		

167 ★★★

6		4		8		3		7
		7	1		9	5		
9								1
			5		6			
1								6
			3		8			
3								2
		8	6		2	7		
2		6		5		9		8

168

5								3
		3	1		9	4		
	4		7		6		8	
4		8	6		2	1		9
9		6	4		5	8		2
	1		3		7		9	
		7	2		8	5		
2								7

169 ★★★

1				6				
	7	4	1		3			
	9	6			7			
	8	9	4		5	7	3	
4								9
	3	2	8		6	4	1	
			7			3	5	
			5		1	9	2	
				3				4

170

		2	5					9
	8		1			2	4	
3		6					1	
			9			5		
7								2
		4			7			
	6					8		3
	4	5			9		6	
1					6	9		

171 ★★★

4		6		3		5		7
	2						1	
	9		5		2		8	
7				6				1
			3		9			
1				2				8
	7		6		4		3	
	1						6	
8		4		9		2		5

172

			1				2	
3								5
6				4	2			8
9		3		1				
7		5	8		3	1		6
				7		5		2
4			2	8				9
8								1
	7				4			

173 ★★★

	5		6	2		3		4
1		6				2		7
				7				
			1			9	3	
	3						1	
	4	1			9			
				1				
3		8				7		1
9		2		8	7		4	

174

				9	7			6
			8					4
6	8	2		1				9
		7					6	
5		3				4		8
	1					7		
9				4		2	5	7
1					5			
7			6	3				

175 ★★★

					3	5		
	4							1
8	9			2				
9			7			6		
7	2			8			9	5
		1			5			4
				9			4	3
2							8	
		7	6					

176

				3				
	6		5		8		2	
8			4		2			1
4	1		7		5		6	2
		8		9		3		
5	7		3		6		1	4
7			2		3			9
	5		9		7		4	
				5				

177 ★★★

7			1		4			3
	4	1				5	6	
3								8
		8		2		9		
5			8		6			2
		3		5		6		
6								9
	8	2				7	4	
9			4		7			1

178

	9		1		5		7	
	2	8				9	1	
		3				4		
3			4	8	6			9
7			5	3	2			1
		7				1		
	1	2				6	4	
	6		7		9		8	

179

★★★

		2	8		3	1		
	4		2		1		5	
				5				
	6	8	1		5	4	7	
3				2				9
	7	4	3		6	5	1	
				3				
	8		5		9		6	
		7	4		8	9		

180

4		8	5			9		
			6	2				7
3		2				5		
					5			9
8	5						1	4
1			3					
		5				1		6
6				5	2			
		1			3	4		2

181 ★★★

8					7			
		7	4	9		3		
		9				2		
				8		4	1	
	1	8	9		5	6	2	
	5	3		2				
		5				1		
		6		7	4	9		
			2					4

182

		3		6		9		
4			7		9			2
	8		4		2		1	
	1	6				4	5	
7								1
	3	2				8	7	
	2		8		7		9	
1			3		6			4
		5		4		2		

183 ★★★

	3		1	8	5		2	
6	5		2		3		4	9
	6	5	3		4	2	8	
		8				4		
	9	3	8		7	1	6	
3	8		7		2		1	4
	4		5	1	8		3	

184

		4	7		2	9		
	3		8		5		4	
1								3
8	7		1		4		9	6
4	9		6		7		5	8
6								2
	2		9		6		1	
		5	2		3	8		

185 ★★★

		9					4	
1			6					
				5		7	8	
2					3	8		
	9	1		4		3	5	
		5	1					6
	5	4		9				
					7			3
	8					2		

186

7		6				1		5
			7		5			
	8	4				6	3	
	7		9		2		4	
			5		1			
	3		6		8		9	
	1	2				4	7	
			4		3			
4		8				3		2

187 ★★★

			3		1			
	2	9				6	7	
1		4				9		3
	5		9		7		2	
			1		4			
	6		5		8		3	
8		2				7		6
	3	6				8	4	
			6		2			

188

			1		2	4		6
				6			2	
			4		3	7		8
3			2		5	1		7
	9						4	
4		1	7		9			3
1		6	5		4			
	3			2				
2		9	6		8			

189 ★★★

	6				2			
				1	3	9		7
								3
	3	9			4		5	
7				3				1
	8		6			4	3	
5								
9		3	2	7				
			8				4	

190

4								5
9	7		5		8		4	6
			6	9	4			
3	9		7		1		6	4
	2						9	
1	6		4		9		2	3
			3	7	2			
2	4		9		5		3	7
7								8

191

★★★

			4		2	8	6	
				3				7
					9	2	3	
	6	5	2		7	3	9	
7								6
	8	3	1		5	4	7	
	1	6	9					
4				1				
	7	9	3		4			

192

		8	5		3	9		
7			9		8			2
				2				
6		7	4		5	2		9
	5			8			1	
4		3	2		9	7		6
				5				
3			1		2			4
		6	3		7	1		

193 ★★★

		4				5		
5		3				8		1
8			4		7			9
	4		2	6	3		5	
	6		1	9	8		7	
7			5		2			4
3		9				7		5
		6				1		

194

			7					5
		6						
	4	3	2	8				
7			1				5	4
		8		4		9		
4	3				5			6
				9	4	8	3	
						4		
1					2			

195 ★★★

		1	9		3	5		
5								4
	2		6		5		7	
8			4	5	9			2
		3				6		
2			8	3	6			9
	8		2		7		3	
1								7
		9	5		8	4		

196

				4				
	3		2		6		5	
8			3		5			4
9	8		6		1		4	5
		6		3		7		
1	2		5		4		8	9
2			4		7			1
	9		8		2		7	
				6				

197 ★★★

3			7		5			4
8	1						3	5
	6						9	
		4	8	6	7	5		
		6	2	1	9	3		
	4						5	
5	8						2	9
2			3		4			1

198

	6		9		2		8	
5			4		7			3
		2				1		
9		4	6		8	3		7
1		3	2		4	5		8
		7				9		
2			7		1			6
	5		8		9		3	

199

★★★

7			4	6				
3				2		9	8	7
1					8			
	1					7		
8		6				2		5
		7					4	
			5					2
4	5	9		1				3
				3	7			4

200

		2				6		
	1		6		8		7	
	9	7				3	2	
2			4	5	3			6
8			9	1	7			5
	2	8				1	3	
	6		2		4		8	
		9				5		

201

★★★

			3		1		4	9
				8		2		
			4		5		7	8
2			6		7		9	1
		1				7		
6	9		8		3			2
4	1		9		8			
		8		4				
5	6		1		2			

202

1		5	4		7	3		9
		9				4		
			3	5	9			
5		8	1		6	9		3
2								5
3		6	9		5	8		2
			8	1	2			
		1				7		
9		2	5		4	1		8

203

★★★

1			8	3				6
					7	8		
5								9
				4			9	8
4	9		5		6		7	1
2	5			7				
6								7
		4	3					
3				6	8			2

204

4		9		8		1		7
	3		2		4		5	
	6						2	
		3		2		6		
			5		8			
		6		7		9		
	7						6	
	8		1		7		9	
2		4		5		3		1

205

	6		2		7		8	
	2	9		3		1	4	
2	1						3	5
7		6				2		4
9	8						1	6
	7	8		1		3	5	
	5		8		9		2	

206

9		3		6		1		4
4	2						8	7
	4		3		5		6	
5								2
	9		2		4		1	
1	8						5	3
2		9		4		6		8

207 ★★★

9	5	7		8		4		
				4	3	7		
			5			1		
3							7	
6		2				5		1
	8							3
		8			2			
		3	7	6				
		4		1		3	2	9

208

	4							
7		2		4	6	1		5
				9	5			
	2			5		8		
		7	4		3	2		
		8		7			3	
			9	3				
3		6	8	1		7		9
							8	

209 ★★★

	9	6				7	8	
			6		8			
1		8				9		4
8			9		3			1
			4		2			
3			7		5			6
6		5				8		7
			2		1			
	2	4				5	1	

210

4		3		5		9		2
8	7						6	4
	3		4		6		2	
6								1
	5		1		9		4	
9	1						7	3
7		5		4		2		6

211 ★★★

		9	2		4			
					1			4
				6			8	1
			9			2		5
3				4				6
4		5			7			
6	4			3				
1			7					
			4		8	7		

212

				5				
	3		4		6		2	
8			2		3			6
5	7		1		4		9	2
		1		8		5		
2	8		7		5		1	3
7			3		1			9
	1		6		7		4	
				9				

213

★★★

9		7				6		8
8	5			1			3	2
		1	3		4	8		
6								4
		5	6		8	2		
7	1			8			2	6
3		4				7		5

214

				1				
	3		4		2		5	
7			3		5			1
9	7		2		6		1	5
		2		3		8		
6	4		5		1		7	9
4			1		8			6
	9		7		4		8	
				2				

215 ★★★

		7	1					
			7		3		9	
5		1		8				
			6			7	4	
		8		7		2		
	3	4			9			
				2		8		7
	6		5		7			
					6	1		

216

7	9						8	5
8		1		6		2		3
	1		9		7		6	
3								9
	5		6		3		2	
6		5		1		7		2
4	8						3	6

217

9								7
		2	3		4	9		
	6	4				3	1	
	4			1			8	
		3	8		9	6		
	5			7			4	
	2	5				8	6	
		1	4		8	5		
4								1

218

		5	6		2	3		
8		3				2		9
	6						5	
6				5				2
		7	2		4	9		
3				1				6
	4						1	
9		6				7		5
		8	7		6	4		

219 ★★★

7			2	3			4	
2	8			1				
					6	3		
		6			5			
1				8				9
			3			7		
		5	4					
				9			2	1
	9			5	1			8

220

		6				4		
8			4		9			6
9	2						1	8
	4			5			8	
2			9		3			7
	9			6			4	
7	6						2	4
3			7		4			1
		5				3		

221

★★★

			9	1				
1		3	5	7		2		9
							5	
		5		2			1	
		2	6		1	8		
	8			4		5		
	6							
2		8		6	3	7		4
				9	4			

222

		1		9		2		
8								7
	7		6		5		1	
5		2	3		1	6		9
			8		2			
7		3	9		6	8		2
	4		5		3		2	
3								5
		6		8		4		

223

★★★

		4				9		
	8		6		7		3	
9			2		5			8
3		8	1		6	2		5
6		2	4		8	1		3
7			3		1			4
	5		7		9		2	
		1				7		

224

		8	9		2	6		
3								5
	6		4		7		3	
1	8		6		5		2	7
7	4		2		1		8	6
	5		1		8		9	
9								1
		7	3		9	4		

225

★★★

	7			3			1	
		6				2		
9			6		2			7
	1	4	2		8	6	9	
			3		9			
	3	9	4		1	5	2	
8			1		6			5
		5				3		
	9			4			8	

226

2					1	8		
	7				6		9	2
4		5					6	
9			3					
		3				2		
					8			1
	4					5		7
1	9		8				4	
		6	4					8

227

5								1
1	2		7		4		9	8
			2	1	8			
2	8		9		7		3	6
	7						8	
9	3		1		6		7	2
			3	7	9			
3	9		4		5		1	7
4								9

228

	7		9				3	
				3		2		1
						5		8
			7				4	2
1				2				3
4	5				6			
2		5						
8		9		1				
	1				5		6	

229

7	6			5			2	3
	4	9				1	6	
		5	8		3	6		
	1						8	
		7	6		1	2		
	3	8				9	7	
5	9			6			1	2

230

4								2
7			6	1				5
	6				9			
				9		2		3
5		9	2		7	4		8
6		4		8				
			1				8	
3				7	6			1
9								7

231 ★★★

		3			7	8	1	
		6				3	9	
	9			6	1			
					6		5	
6	4						8	3
	3		7					
			9	1			2	
	7	1				6		
	8	4	6			5		

232

			7		8	6		5
			2		5	9		1
				6			7	
		2	3		7	1		8
	4						5	
8		5	4		1	2		
	2			7				
6		8	5		3			
4		7	9		6			

233

3		2		4		8		1
	5	9				7	2	
	7		4		8		1	
		8				5		
	3		5		9		4	
	2	6				4	8	
7		4		3		1		9

234

6	5		9		4		3	7
3			1	6	7			5
7		4	3		5	1		8
		5				7		
8		6	7		9	3		2
4			6	7	1			3
5	2		4		3		8	1

235

★★★

2	9	6		5				7
				7	3			2
			9					1
		3					2	
4		8				1		9
	5					3		
5					4			
3			2	8				
7				1		6	4	3

236

9								4
4			2		3			8
	1	7				2	3	
		5		6		9		
6			9		1			7
		1		7		4		
	3	8				6	9	
2			3		8			5
5								1

237

4			5					
							1	
			1	2		6	8	
3					4	9		1
	8			1			2	
1		6	9					7
	6	1		8	5			
	7							
					3			9

238

		2				7		
		6	8		1	2		
1	8						5	4
2				4				5
		4	5		7	9		
7				9				3
9	7						8	6
		3	6		8	1		
		5				3		

239

★★★

		7	5	3				
		1		9		6	5	4
		2			4			
2							1	
	6	4				8	3	
	5							9
			1			9		
8	1	6		2		5		
				8	5	7		

240

1	6		7	3		8		
				4				
4	3						7	9
	5	6	9					
		9				6		
					5	1	9	
9	4						2	6
				9				
		1		2	4		3	5

241

			1	9	2			
8		9	3		6	2		5
		3		5		6		
7								4
		6				3		
5								8
		4		1		8		
1		5	8		3	7		2
			4	7	5			

242

		2		3		1		
3			9		8			7
	7		1		5		2	
2		7				4		8
	4						1	
1		8				6		5
	6		4		2		9	
5			3		6			2
		1		8		3		

243

	4		3		7		9	
		8	6		9	1		
9								3
3	7		2		4		5	8
8	1		5		3		7	2
6								4
		7	9		5	2		
	2		1		8		6	

244

5				6				4
			4	2	9			
2		7	5		1	6		9
		5				9		
1								8
		4				2		
7		9	1		8	5		3
			6	3	7			
8				9				1

245

★★★

					7		6	
1		5		9	2			
		3						
5	1		6				3	
		9		1		8		
	7				4		1	6
						1		
			1	8		9		5
	4		2					

246

		9	3					
		2		4		8	3	6
		7		6	2			
9							2	
	1	6				5	8	
	3							4
			2	1		7		
5	2	8		9		3		
					5	4		

247

2		3		4		5		7
		9				3		
5			3		2			6
			2		4			
		8				2		
			5		9			
6			7		8			4
		7				8		
1		2		5		6		9

248

6		9	1		7			
	4			5				
5		1	2		4			
7			9		3	2		1
	1						3	
9		2	4		8			7
			5		6	3		4
				4			7	
			8		1	5		2

249 ★★★

	4		1		6		5	
1			9		3			8
		2				9		
		3	7	8	1	4		
	8						7	
		1	4	6	5	3		
		6				5		
3			6		7			9
	2		8		4		6	

250

1	6			3			5	4
5			1		6			2
	8						6	
			8		5			
	9						1	
			3		1			
	4						9	
2			9		4			3
7	1			5			2	8

251

	2	3				1	8	
			5		2			
8	5						7	2
		4	7		9	5		
			1		6			
		2	8		4	3		
6	1						9	3
			6		3			
	9	5				7	2	

252

			1	8			7	
2	7							8
6	1		9					2
	3		8					
	6	2				8	4	
					9		2	
3					8		6	4
8							9	1
	5			1	7			

253

★★★

8				1	5	2		
	1		3					
				8		5		6
			9				4	
		5		2		8		
	7				1			
2		6		5				
					7		9	
		4	6	9				3

254

							6	
		9	3					
			2	7			1	5
		6			9	5		1
	4			5			7	
9		5	8			3		
1	7			4	5			
					2	8		
	5							

255

9	4		1	7			3	6
		7						
			6	2				
	5			9		8		
	9		8		7		4	
		4		6			5	
				8	2			
						5		
8	1			3	5		9	2

256

	6		7		4		2	
1	9			2			4	3
		5				6		
9				4				7
			5		6			
7				1				4
		1				7		
8	7			9			3	6
	2		3		7		8	

257

7			3		2			9
				9				
	2		8		7		5	
4	6		7		1		2	3
		2		6		1		
1	7		2		5		9	4
	3		5		8		4	
				1				
6			4		3			8

258

8			7		6			9
		4	8		2	1		
	5						7	
	8		4	2	1		6	
		9				3		
	6		3	9	8		4	
	2						1	
		5	9		4	2		
6			2		3			7

259 ★★★

4			6		9			1
	9		7		8		5	
		3				9		
		1	3	9	7	2		
	6						8	
		7	2	8	6	1		
		4				5		
	3		9		2		7	
8			1		4			2

260

		1	6		9	3		
9			4		2			6
	2			5			8	
	6	7				1	5	
1								4
	3	4				8	9	
	9			6			7	
6			8		5			1
		2	3		4	9		

261

★★★

2						4	3	
9	7		2					8
		6	5				7	
	5		6					
		7				1		
					1		9	
	6				3	2		
3					6		5	9
	8	4						3

262

9		4	6		5	2		3
		5	1	8	4	6		
	5	3	8		7	9	1	
	8						2	
	4	9	5		2	8	6	
		2	4	1	8	5		
5		8	7		6	1		2

263

		7	1					
8								6
1				8	4			5
5	3			6				
7	9		3		8		6	2
				7			9	4
2			4	1				8
3								9
					6	4		

264

	7		8		3		5	
2			9		1			8
		8				4		
		6	1	8	4	7		
9								3
		7	3	9	6	1		
		2				5		
1			6		8			4
	6		5		7		9	

265 ★★★

4			6		2			8
		1				5		
	7		9		1		3	
9		6	7		3	8		2
5		8	1		6	4		3
	4		3		9		8	
		2				9		
1			2		5			7

266

8		2		4		9		5
		4	7		2	6		
	6						1	
7				2				9
			1		6			
2				5				7
	7						5	
		3	8		7	4		
6		8		9		7		3

267 ★★★

						4		
7	6		8	4			5	2
			6	9				
		1		5				3
2			1		4			5
3				6		2		
				1	9			
5	9			7	3		1	8
		3						

268

7		2						
	6				7		5	
3		8		6				
			4			2	9	
		6		2		1		
	7	9			5			
				1		6		2
	4		3				1	
						8		7

269 ★★★

	7		6		2		1	
8			9		4			3
		5				2		
4		8	1		7	9		6
7		3	2		9	8		5
		6				4		
1			4		5			2
	8		7		6		3	

270

8			4		1			2
	1						4	
		2		3		5		
	8	3	5		9	4	7	
			8		3			
	9	5	6		4	8	1	
		8		9		6		
	7						3	
6			1		5			7

271 ★★★★

			6			2		9
				9	8	7		
		6						
	3			6				5
6			9		7			4
5				1			8	
						4		
		2	1	4				
3		7			2			

272

					9	3	8	
			7	8		4		
		9						
1				9			6	
	9		4		8		5	
	6			2				7
						5		
		3		5	2			
	1	4	3					

273

1			5	6				
6			3		2	4	9	
	2						5	
2		8	1					
	7						1	
					7	5		3
	9						3	
	1	5	4		8			7
				3	5			4

274

		1			6	4		2
9				3			5	
					2			1
2	7		1					
		4				8		
					5		4	3
7			9					
	1			8				4
5		8	6			3		

275 ★★★★

			2			7	9	
	8	9		7				
6			1				5	8
		7					8	2
2	1					6		
5	6				4			9
				8		1	6	
	4	1			3			

276

			2				5	
		4	6			3	9	
	7			3				8
			8				1	5
		3				7		
7	4				9			
9				4			2	
	1	7			6	8		
	8				1			

277

			3	4				9
5								
			8					
	9					7	6	
	1			2			5	
	8	3					4	
					7			
								3
6				1	5			

278

		2		9				8
					5	7		
	6				3	1	9	
					8	4		7
	9						2	
2		6	1					
	2	4	3				8	
		8	4					
1				6		5		

279

		4	3	1				
	7	2			4			
						1		
7				8			6	
	8		5		2		1	
	6			3				9
		8						
			8			4	5	
				5	9	2		

280

		9	5			7		
	2				3			8
	3		7			1		9
6		4						
	7						8	
						2		5
4		3			2		7	
2			8				9	
		1			5	3		

281

		3		9		2		6
7						3		
	5				8			
	3		5		1			
		1		6		9		
			9		4		8	
			7				4	
		6						1
2		9		1		8		

282

1					4			
	8	5			3			4
	4			9			3	
			5			7	6	
3								9
	6	8			1			
	5			4			9	
7			8			2	1	
			2					5

283

★★★★

		5			1			4
		1			6			
4	8		3				6	
			2	6			1	7
5	1			8	4			
	5				3		9	8
			4			2		
2			6			5		

284

	5			8	4			
	9		5		7	3		4
		8				6		
			3				2	7
		3				9		
4	8				9			
		4				2		
5		6	8		2		1	
			4	1			3	

285

		3	6			8		
8		5	3				7	
4					7		2	
6		2						
	4						3	
						9		1
	8		4					2
	3				2	7		9
		7			6	5		

286

	3					7	5	
2				9			4	
			6			2		
5				2				3
			1		6			
1				7				8
		6			1			
	4			3				2
	7	5					9	

287 ★★★★

			5					3
		9	1			7		4
6				7			2	
			2				3	8
		7				6		
9	6				4			
	4			9				5
8		6			1	2		
2					8			

288

2		1						
		4		8				
	9	8	3					
8	7		4					5
	1		9		3		2	
9					1		7	6
					5	9	6	
				6		7		
						4		1

289 ★★★★

7	8							
	4	2			6			
	3			4				
4		5			3			1
		8	6		2	7		
2			8			5		9
				9			5	
			1			9	2	
							3	8

290

		6	1			7		
1	7							
		8	7				3	
4	1		8			2		
			6		4			
		2			3		4	8
	8				5	6		
							7	3
		4			1	9		

291 ★★★★

	2	4						
		1		8				
6		8	3					
7	8		1				9	
4			6		3			2
	6				4		5	7
					9	6		5
				5		7		
						1	4	

292

1			2				7	8
			6			9	5	
	8	5		9				
6	2					1		
		9					8	6
				8		2	1	
	4	2			3			
7	1				4			5

293 ★★★★

8				2				6
		6			8		1	7
					6	3		
4	9		1					
		2				8		
					3		7	4
		1	5					
3	5		7			9		
2				6				1

294

		2				1	9	
	4		3		7			
						7		5
5				3				
	6		1		4		2	
				5				3
4		1						
			8		2		4	
	9	7				6		

295 ★★★★

	9		2					
			5			9	6	
2	7			4				5
	3		6			2	8	
		1				5		
	5	2			4		9	
3				6			4	7
	1	4			3			
					8		2	

296

			7		8		4	
			3	2				7
						3	6	5
1				5	6			
		9				7		
			4	1				8
9	4	6						
5				4	3			
	2		5		9			

297

★★★★

		2						
			7			8	1	
				2	4	7		
	6			3				1
	2		8		9		3	
5				4			6	
		8	5	9				
	9	7			3			
						3		

298

					5			1
		9				2		8
	4			7		6		
	7			4			8	
			5		1			
	3			2			5	
		6		9			4	
2		8				7		
4			1					

299

	6						3	8
						7	9	
2			9		4			
		7		4				
5			2		3			6
				7		4		
			6		1			2
	3	2						
8	9						5	

300

5	4			2				7
			7			1		
6							8	
			2		9	3		
2				6				8
		7	1		8			
	3							5
		9			4			
4				8			6	2

301 ★★★★

			5					
			9	1			7	
	8							
9		5				1		
		4		6		8		
		7				3		2
							9	
	3			4	8			
					2			

302

					2		8	
		9		1		2	6	
8	3				9			
2	5				3		4	
9								7
	8		1				9	2
			4				7	1
	1	6		3		4		
	2		5					

303 ★★★★

							8	6
			5			4	1	
				4			2	
1			6			2		4
		6	9		1	3		
7		2			8			5
	8			7				
	7	1			9			
3	6							

304

4				2				
9	2		7					
6		3						
		7			6	1	4	
	5		8		9		3	
	4	2	3			9		
						5		3
					8		9	1
				1				6

305

★★★★

	9				3	1		
7			6					8
2	8		7			3		
1	6							
		9				7		
							4	5
		7			1		5	3
3					6			2
		8	9				1	

306

		8	9				5	
3					7			2
2		6			8		4	
						7		8
	4						9	
6		1						
	2		4			5		3
5			7					4
	8				2	9		

307

★★★★

	7			4				3
					5	7		
1						8		9
	2			8			6	
			5		2			
	9			7			1	
8		9						4
		5	2					
3				1			7	

308

1	7							
	3	6					9	
			2		5	1		
4				8				
		9	7		1	5		
				4				8
		1	8		3			
	5					6	7	
							3	4

309 ★★★★

			1					
				6	9			1
		6					2	8
6				4			7	
	4		6		7		3	
	5			8				2
2	8					3		
4			9	3				
					5			

310

	6	5				7		
3		8						
			2		9		3	
4				1				
	7		8		3		9	
				4				1
	3		1		5			
						5		4
		9				8	6	

311

			1		2	4		
	6	9					7	
4	3							
5				8				
		7	3		4	2		
				5				8
							6	5
	2					9	3	
		4	8		6			

312

		1					9	
			2	7	6			
					3			
							1	8
	4			5			7	
6	3							
			8					
			9	1	4			
	2					3		

313

			7		1	3		
6	3							
5		4						8
				9			2	
		8	3		6	7		
	9			2				
7						4		6
							9	5
		3	5		2			

314

		7	2	8			4	6
				5				
9	2						8	5
	9	6			1			
		4				9		
			9			4	1	
4	3						5	9
				9				
1	8			3	5	6		

315

		7				9		6
						2	3	
4			8		2			
				3			8	
5			9		4			7
	3			8				
			1		7			4
	4	9						
6		2				5		

316

6		8			4			
	4			9		3	2	
					2	6		
		6	9			4		2
4								5
2		7			8	1		
		2	7					
	3	9		8			1	
			1			5		9

317

3								8
			6	8		1		
9	6		4		1	7		
	4	2			9			
7								9
			7			8	6	
		5	2		8		1	3
		9		5	6			
2								6

318

6		8		5				
			2			6		5
	9		4			3	8	
	2	4						9
5						8	2	
	3	9			7		6	
4		7			1			
				8		9		4

319

★★★★

	7		8				1	
1	2		7			6		
5					6	4		
							3	9
		5				7		
8	4							
		1	5					4
		7			4		6	3
	6				8		2	

320

		3	7			9		
	2				8			5
	8		9			4		3
6		1						
	9						5	
						2		7
1		8			2		9	
2			5				3	
		4			7	8		

321 ★★★★★

3			5					
5		6		2		1	4	
						6		
6					3			
		9		4		2		
			8					5
		4						
	1	2		9		5		6
					7			8

322

		4		7			8	
1		9		8				
			6				3	9
					7		2	
		8		4		5		
	6		3					
8	7				1			
				5		8		4
	4			3		9		

323

★★★★★

4	2			1				
			8	5		7		
5								
		3	7					
1		6		2		8		4
					9	6		
								2
		9		3	6			
				4			8	5

324

	3				9	8	2	
	2						3	
1			6			4		
				1	8	7		
	4						6	
		9	3	4				
		3			2			7
	8						5	
	7	6	5				9	

325 ★★★★★

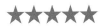

9				5		2		
	4	3						
								9
6	3		4					
2								1
					7		8	5
5								
						3	7	
		1		6				8

326

				3		8	4	
9			6			7		
						1		
5					7			
		2		1		3		
			9					6
		8						
		9			4			7
	1	3		2				

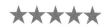

327

★★★★★

				3			8	1
		6			9			
							4	
		5	7		3			
	2			4			3	
			2		6	9		
	8							
			1			7		
4	3			2				

328

				9			7	4
								6
		3			5			
			4		3	1		
4				7				9
		2	8		9			
			2			8		
7								
6	5			4				

329

7			3					
				2		9	1	
	2					5	8	
			4					6
		9		5		2		
8					7			
	8	6					3	
	5	1		9				
					8			4

330

			9	1			3	
			8			1		
						2	9	4
	5				1	9		
7			4		3			2
		2	6				8	
4	2	3						
		6			9			
	8			5	7			

331

★★★★★

	9		1					
						7		
				4		6		8
			3		4		5	
		6		7		4		
	2		6		9			
7		8		6				
		5						
					2		3	

332

			7			6		9
				1				2
					4		8	7
				9	5	3	1	
	5						4	
	3	8	6	2				
3	9		8					
2				7				
7		5			3			

333

			3		7	1		
	6	5				2		
3					5		8	
		8						
		2	9	4	1	5		
						9		
	2		4					6
		3				7	2	
		1	5		2			

334

3	6							
		2		5				4
						1		
					7	5	3	
		4				9		
	2	1	6					
		8						
9				1		8		
							7	3

335

★★★★★

		1		7	3			
							7	
				6			8	2
					5	3		
	9	8		2		4	6	
		7	1					
8	6			9				
	2							
			4	3		5		

336

	2						5	6
				3			4	8
		7	1					
		5			9			
8				4				3
			7			2		
					5	9		
6	1			8				
4	5						3	

337

★★★★★

8		4						
	5						9	8
			5		2	4		
9			6	3				
	6	8				9	4	
				7	8			3
		2	3		1			
6	1						3	
						6		4

338

							4	
	3							8
4		2	7	3				6
	1	6		9		4		
				1				
		3		2		5	6	
5				6	9	2		3
3							7	
	8							

339 ★★★★★

	2							
			7			8		
1	5			9				
		7	3		9			
	9			1			4	
			4		8	2		
				4			9	5
		3			6			
							1	

340

		1				6		4
	9		7					
				8		5		2
			9				1	
2				5				8
	6				3			
4		7		2				
					6		3	
5		6				8		

341 ★★★★★

9							3	
					6	2	7	
8		2		3				
			7				9	
3		7		2		5		1
	6				5			
				1		8		3
	5	3	4					
	8							2

342

1					8			
							9	
				6		2	5	1
					3			4
	5			9			6	
7			1					
3	2	9		5				
	4							
			7					3

343

★★★★★

				7		2		
					4	9		8
			6			4	5	
			3	9			7	1
	3						6	
5	1			2	8			
	9	1			5			
3		4	1					
		2		4				

344

					1			4
		5		6				
	8							6
1								2
	9			7			8	
4								3
2							6	
				9		7		
3			4					

345

★★★★★

2			6		3	7		
		1		2				4
	8							
4		3		1	2		5	
	2		5	6		4		3
							8	
5				9		3		
		9	7		4			2

346

3			8	2				
				5		1	6	
							2	
4					9			
8	6			1			5	4
			3					7
	1							
	2	8		6				
				7	4			9

347

	3		7		1			
		8					5	4
			9					
						3		
1			2					9
		5						
			3					
4	2				7			
			8		5		6	

348

	9	4	3					
7	6			5			4	8
						1		
		8			7		3	
			5		1			
	2		4			9		
		6						
2	3			9			8	4
					6	5	7	

1

6	4	2	5	7	9	1	8	3
7	9	1	2	8	3	6	5	4
5	8	3	6	1	4	7	9	2
1	5	9	4	6	7	3	2	8
8	6	4	3	2	1	9	7	5
3	2	7	9	5	8	4	1	6
2	7	5	1	4	6	8	3	9
9	1	6	8	3	2	5	4	7
4	3	8	7	9	5	2	6	1

2

5	8	3	2	7	9	4	6	1
1	7	9	3	6	4	2	5	8
4	2	6	5	1	8	7	9	3
8	4	5	1	3	6	9	7	2
3	9	7	4	2	5	8	1	6
2	6	1	8	9	7	5	3	4
6	1	4	7	5	2	3	8	9
9	5	8	6	4	3	1	2	7
7	3	2	9	8	1	6	4	5

3

3	8	5	9	2	6	1	7	4
1	7	9	8	4	3	5	6	2
2	6	4	7	5	1	3	9	8
9	1	2	6	7	5	8	4	3
8	4	6	3	9	2	7	5	1
7	5	3	1	8	4	6	2	9
4	9	8	5	1	7	2	3	6
6	2	7	4	3	8	9	1	5
5	3	1	2	6	9	4	8	7

4

3	6	7	4	2	1	8	9	5
1	2	9	7	5	8	3	4	6
5	8	4	6	3	9	2	7	1
9	7	8	5	1	2	4	6	3
6	1	5	3	9	4	7	8	2
2	4	3	8	6	7	1	5	9
7	3	1	9	8	6	5	2	4
4	9	2	1	7	5	6	3	8
8	5	6	2	4	3	9	1	7

5

2	1	8	7	6	3	9	5	4
6	3	5	2	9	4	7	8	1
7	9	4	1	5	8	6	3	2
5	2	6	3	4	7	1	9	8
8	4	1	9	2	5	3	6	7
3	7	9	8	1	6	4	2	5
4	6	2	5	3	1	8	7	9
1	5	7	6	8	9	2	4	3
9	8	3	4	7	2	5	1	6

6

6	8	3	4	7	1	9	2	5
2	9	7	5	8	6	4	3	1
5	4	1	9	3	2	7	8	6
1	7	2	6	9	3	8	5	4
9	5	4	7	1	8	3	6	2
3	6	8	2	5	4	1	7	9
7	2	6	8	4	9	5	1	3
4	1	5	3	2	7	6	9	8
8	3	9	1	6	5	2	4	7

7

7	6	8	1	3	4	2	9	5
5	2	9	6	7	8	3	4	1
4	3	1	5	9	2	7	8	6
2	5	3	9	6	1	8	7	4
1	4	7	8	2	5	9	6	3
9	8	6	3	4	7	1	5	2
3	1	5	4	8	9	6	2	7
6	9	2	7	5	3	4	1	8
8	7	4	2	1	6	5	3	9

8

2	4	9	7	8	5	6	1	3
8	7	6	1	4	3	9	5	2
5	3	1	9	2	6	4	8	7
7	2	8	3	1	9	5	6	4
1	5	3	2	6	4	8	7	9
9	6	4	5	7	8	3	2	1
3	1	5	6	9	7	2	4	8
4	9	7	8	5	2	1	3	6
6	8	2	4	3	1	7	9	5

9

9	2	7	3	5	8	6	1	4
5	6	3	2	4	1	7	9	8
1	8	4	9	6	7	3	2	5
8	3	5	4	9	6	1	7	2
4	7	1	8	3	2	9	5	6
6	9	2	7	1	5	4	8	3
7	5	6	1	2	3	8	4	9
2	1	9	6	8	4	5	3	7
3	4	8	5	7	9	2	6	1

10

5	7	8	4	1	6	3	2	9
4	1	9	3	7	2	8	5	6
2	6	3	9	8	5	1	7	4
7	3	2	5	4	1	6	9	8
1	4	5	8	6	9	2	3	7
8	9	6	7	2	3	5	4	1
9	8	1	2	5	4	7	6	3
6	2	4	1	3	7	9	8	5
3	5	7	6	9	8	4	1	2

11

1	3	8	2	6	9	7	5	4
9	2	5	8	7	4	3	6	1
6	7	4	5	3	1	2	8	9
7	8	6	9	1	3	5	4	2
4	5	3	6	2	7	9	1	8
2	9	1	4	8	5	6	7	3
5	4	7	1	9	2	8	3	6
3	6	2	7	4	8	1	9	5
8	1	9	3	5	6	4	2	7

12

8	7	1	5	2	4	3	6	9
3	2	6	7	8	9	4	5	1
4	5	9	6	3	1	8	7	2
5	4	7	9	1	6	2	8	3
9	6	8	3	4	2	5	1	7
1	3	2	8	7	5	9	4	6
2	8	4	1	6	3	7	9	5
6	9	3	4	5	7	1	2	8
7	1	5	2	9	8	6	3	4

13

8	2	1	9	5	3	7	6	4
3	4	9	7	1	6	2	5	8
5	6	7	8	2	4	1	9	3
4	1	3	5	7	2	6	8	9
9	7	5	3	6	8	4	1	2
6	8	2	4	9	1	3	7	5
2	9	8	1	3	7	5	4	6
1	3	4	6	8	5	9	2	7
7	5	6	2	4	9	8	3	1

14

1	6	7	2	9	3	8	4	5
9	4	8	6	1	5	7	2	3
5	2	3	7	4	8	6	1	9
3	8	2	4	6	9	5	7	1
4	5	6	3	7	1	9	8	2
7	1	9	8	5	2	3	6	4
8	9	5	1	2	7	4	3	6
2	7	4	9	3	6	1	5	8
6	3	1	5	8	4	2	9	7

15

3	9	8	5	2	1	4	6	7
5	6	1	4	7	9	8	3	2
7	2	4	3	6	8	9	5	1
8	5	6	2	1	3	7	4	9
1	4	2	7	9	5	6	8	3
9	7	3	6	8	4	2	1	5
2	1	9	8	3	6	5	7	4
6	3	5	9	4	7	1	2	8
4	8	7	1	5	2	3	9	6

16

8	3	4	1	6	9	7	5	2
1	7	6	5	3	2	8	4	9
2	9	5	4	7	8	6	3	1
3	4	2	7	8	5	9	1	6
7	1	8	6	9	4	5	2	3
5	6	9	3	2	1	4	8	7
6	2	1	8	4	7	3	9	5
9	8	7	2	5	3	1	6	4
4	5	3	9	1	6	2	7	8

17

9	7	8	1	4	6	2	5	3
3	1	4	5	7	2	8	6	9
5	2	6	9	8	3	1	4	7
7	3	9	6	1	4	5	8	2
2	6	5	8	3	7	9	1	4
4	8	1	2	5	9	7	3	6
6	5	2	3	9	1	4	7	8
1	9	7	4	6	8	3	2	5
8	4	3	7	2	5	6	9	1

18

4	3	1	6	7	5	9	8	2
2	8	7	1	9	4	5	3	6
5	6	9	8	2	3	4	1	7
8	7	2	4	3	6	1	5	9
3	5	4	2	1	9	7	6	8
9	1	6	7	5	8	2	4	3
1	4	3	9	6	7	8	2	5
7	2	5	3	8	1	6	9	4
6	9	8	5	4	2	3	7	1

19

6	3	4	1	5	2	7	8	9
1	7	8	4	9	6	3	5	2
2	5	9	3	7	8	6	4	1
9	2	1	7	8	3	5	6	4
4	6	3	9	1	5	8	2	7
7	8	5	2	6	4	1	9	3
5	1	7	6	4	9	2	3	8
8	9	2	5	3	7	4	1	6
3	4	6	8	2	1	9	7	5

20

4	7	9	5	8	2	3	6	1
1	3	5	4	6	7	8	9	2
2	6	8	3	1	9	4	5	7
8	9	2	6	4	5	7	1	3
5	4	3	1	7	8	6	2	9
6	1	7	9	2	3	5	8	4
3	2	6	8	9	4	1	7	5
7	5	1	2	3	6	9	4	8
9	8	4	7	5	1	2	3	6

21

9	2	3	6	4	1	7	8	5
4	8	6	7	2	5	3	1	9
1	5	7	3	9	8	2	4	6
8	1	2	9	6	4	5	3	7
3	9	5	1	8	7	4	6	2
7	6	4	5	3	2	1	9	8
5	3	1	8	7	9	6	2	4
2	7	9	4	1	6	8	5	3
6	4	8	2	5	3	9	7	1

22

3	6	8	9	5	1	4	2	7
2	1	4	3	7	8	9	5	6
7	5	9	6	4	2	3	8	1
6	9	5	1	8	7	2	3	4
8	2	1	5	3	4	6	7	9
4	3	7	2	9	6	8	1	5
9	7	2	8	6	5	1	4	3
1	4	3	7	2	9	5	6	8
5	8	6	4	1	3	7	9	2

23

2	8	4	7	3	9	5	1	6
3	9	5	1	6	8	7	4	2
6	7	1	4	5	2	3	9	8
1	3	9	2	4	5	8	6	7
4	5	2	8	7	6	9	3	1
7	6	8	3	9	1	2	5	4
8	1	6	5	2	3	4	7	9
5	2	7	9	1	4	6	8	3
9	4	3	6	8	7	1	2	5

24

8	1	6	7	5	2	4	3	9
2	3	7	6	4	9	1	5	8
9	4	5	8	1	3	2	6	7
4	6	3	2	9	8	5	7	1
1	5	9	3	7	4	8	2	6
7	8	2	1	6	5	3	9	4
3	7	8	4	2	6	9	1	5
5	2	1	9	8	7	6	4	3
6	9	4	5	3	1	7	8	2

25

2	5	7	1	8	9	6	4	3
8	3	9	5	6	4	1	7	2
6	1	4	2	3	7	8	5	9
4	9	8	6	5	2	7	3	1
7	2	3	4	1	8	5	9	6
1	6	5	7	9	3	2	8	4
5	8	1	9	4	6	3	2	7
3	4	2	8	7	1	9	6	5
9	7	6	3	2	5	4	1	8

26

8	6	5	1	7	4	3	9	2
3	4	1	2	9	5	7	8	6
9	7	2	6	8	3	5	4	1
1	3	7	4	5	9	6	2	8
5	9	6	8	3	2	4	1	7
4	2	8	7	6	1	9	3	5
2	8	3	5	4	7	1	6	9
6	5	9	3	1	8	2	7	4
7	1	4	9	2	6	8	5	3

27

2	4	7	5	8	1	9	6	3
6	5	9	4	3	7	2	1	8
1	8	3	9	6	2	5	7	4
4	9	2	3	7	8	1	5	6
5	3	1	6	4	9	7	8	2
7	6	8	2	1	5	4	3	9
3	7	5	8	9	4	6	2	1
8	2	4	1	5	6	3	9	7
9	1	6	7	2	3	8	4	5

28

1	7	6	8	2	5	4	3	9
8	9	4	3	6	1	2	5	7
5	2	3	7	4	9	8	1	6
2	5	9	1	7	4	3	6	8
3	4	7	6	5	8	9	2	1
6	8	1	2	9	3	5	7	4
7	6	8	4	3	2	1	9	5
9	1	2	5	8	6	7	4	3
4	3	5	9	1	7	6	8	2

29

1	3	9	6	5	8	2	7	4
2	5	4	3	7	1	6	9	8
8	6	7	2	4	9	5	1	3
5	9	3	7	2	6	8	4	1
4	2	8	1	9	3	7	6	5
7	1	6	5	8	4	3	2	9
3	7	2	9	1	5	4	8	6
6	8	1	4	3	2	9	5	7
9	4	5	8	6	7	1	3	2

30

4	7	1	6	9	8	5	3	2
2	9	8	5	3	1	7	6	4
5	3	6	7	4	2	9	1	8
1	8	9	2	6	4	3	5	7
7	2	4	3	1	5	6	8	9
6	5	3	8	7	9	2	4	1
9	6	7	1	8	3	4	2	5
8	4	5	9	2	6	1	7	3
3	1	2	4	5	7	8	9	6

31

8	5	9	4	3	2	7	6	1
1	3	6	8	5	7	2	4	9
7	4	2	6	9	1	5	3	8
9	1	4	7	6	3	8	5	2
5	7	3	1	2	8	4	9	6
6	2	8	9	4	5	3	1	7
3	8	1	5	7	6	9	2	4
2	9	7	3	1	4	6	8	5
4	6	5	2	8	9	1	7	3

32

9	5	4	2	7	3	8	1	6
8	6	3	4	1	5	2	7	9
1	7	2	8	9	6	3	4	5
4	9	8	1	5	2	6	3	7
6	3	5	7	8	9	4	2	1
7	2	1	6	3	4	5	9	8
5	1	7	3	2	8	9	6	4
2	4	9	5	6	7	1	8	3
3	8	6	9	4	1	7	5	2

33

4	6	8	2	1	7	3	9	5
3	2	1	5	6	9	8	7	4
9	7	5	4	3	8	6	1	2
8	9	6	7	5	1	4	2	3
7	1	2	3	8	4	9	5	6
5	4	3	9	2	6	7	8	1
2	5	4	8	9	3	1	6	7
6	8	7	1	4	5	2	3	9
1	3	9	6	7	2	5	4	8

34

5	6	3	7	2	4	1	9	8
9	2	4	8	1	5	7	3	6
8	7	1	9	3	6	5	2	4
1	9	8	4	6	2	3	5	7
4	5	7	3	9	1	6	8	2
2	3	6	5	7	8	4	1	9
3	4	9	2	5	7	8	6	1
7	1	2	6	8	3	9	4	5
6	8	5	1	4	9	2	7	3

35

4	9	2	8	7	1	3	5	6
6	1	7	5	3	9	2	4	8
5	8	3	4	2	6	7	1	9
9	5	8	7	1	3	4	6	2
7	3	4	6	8	2	1	9	5
1	2	6	9	5	4	8	7	3
8	7	9	2	4	5	6	3	1
2	6	1	3	9	7	5	8	4
3	4	5	1	6	8	9	2	7

36

7	5	2	8	3	9	4	6	1
3	4	9	6	1	2	7	8	5
8	6	1	7	4	5	3	2	9
6	2	7	4	5	3	1	9	8
4	9	8	1	7	6	2	5	3
1	3	5	2	9	8	6	7	4
2	7	3	9	8	1	5	4	6
5	8	4	3	6	7	9	1	2
9	1	6	5	2	4	8	3	7

37

5	7	8	9	2	4	6	3	1
3	4	6	1	5	7	2	8	9
2	1	9	6	3	8	7	5	4
7	8	3	4	9	5	1	6	2
1	5	4	2	8	6	9	7	3
6	9	2	7	1	3	8	4	5
9	3	5	8	6	2	4	1	7
8	2	7	5	4	1	3	9	6
4	6	1	3	7	9	5	2	8

38

1	8	4	7	3	2	9	6	5
6	2	3	9	5	1	7	8	4
9	5	7	6	8	4	3	1	2
8	4	1	5	2	9	6	3	7
3	7	2	4	6	8	5	9	1
5	9	6	3	1	7	2	4	8
4	3	9	1	7	5	8	2	6
7	6	8	2	4	3	1	5	9
2	1	5	8	9	6	4	7	3

39

3	4	7	2	9	8	5	1	6
6	5	8	1	3	4	2	7	9
9	1	2	7	6	5	4	8	3
8	7	5	6	2	9	1	3	4
4	9	6	3	8	1	7	5	2
1	2	3	4	5	7	9	6	8
2	3	1	9	7	6	8	4	5
7	8	9	5	4	3	6	2	1
5	6	4	8	1	2	3	9	7

40

2	6	9	5	8	7	3	4	1
3	4	7	9	6	1	8	5	2
1	5	8	2	4	3	7	9	6
7	9	1	6	3	4	5	2	8
5	2	3	1	9	8	4	6	7
6	8	4	7	5	2	9	1	3
9	1	5	8	7	6	2	3	4
8	3	6	4	2	9	1	7	5
4	7	2	3	1	5	6	8	9

41

5	6	7	4	8	2	3	1	9
4	9	8	3	1	7	5	6	2
1	2	3	9	5	6	4	8	7
9	5	6	7	4	1	8	2	3
8	4	1	5	2	3	9	7	6
7	3	2	6	9	8	1	5	4
6	8	4	1	7	9	2	3	5
3	1	9	2	6	5	7	4	8
2	7	5	8	3	4	6	9	1

42

2	9	5	1	4	6	3	7	8
6	4	8	7	3	2	5	1	9
1	3	7	5	9	8	6	2	4
8	6	9	2	7	4	1	3	5
4	1	2	3	8	5	7	9	6
7	5	3	6	1	9	8	4	2
9	7	4	8	5	3	2	6	1
5	2	1	9	6	7	4	8	3
3	8	6	4	2	1	9	5	7

43

6	2	7	5	3	1	9	8	4
9	3	1	4	8	2	7	6	5
8	4	5	6	7	9	1	2	3
2	1	4	8	9	7	3	5	6
7	5	8	1	6	3	2	4	9
3	9	6	2	4	5	8	7	1
1	8	3	7	5	4	6	9	2
4	7	9	3	2	6	5	1	8
5	6	2	9	1	8	4	3	7

44

5	8	4	7	2	1	3	9	6
1	2	9	3	8	6	7	4	5
3	7	6	5	9	4	8	1	2
8	4	3	2	5	9	1	6	7
2	5	1	6	7	3	4	8	9
9	6	7	4	1	8	2	5	3
7	9	2	8	4	5	6	3	1
4	3	5	1	6	2	9	7	8
6	1	8	9	3	7	5	2	4

45

2	3	5	4	9	1	7	8	6
6	4	8	3	7	5	1	2	9
7	9	1	8	2	6	4	5	3
1	2	7	9	5	4	3	6	8
5	8	9	1	6	3	2	4	7
4	6	3	7	8	2	9	1	5
9	5	6	2	4	7	8	3	1
8	1	2	5	3	9	6	7	4
3	7	4	6	1	8	5	9	2

46

1	6	7	4	2	8	9	3	5
5	9	8	1	6	3	2	4	7
4	2	3	5	7	9	6	8	1
9	3	4	6	1	5	8	7	2
8	5	1	2	9	7	3	6	4
6	7	2	3	8	4	5	1	9
2	4	9	7	3	6	1	5	8
7	8	6	9	5	1	4	2	3
3	1	5	8	4	2	7	9	6

47

9	3	2	1	6	4	8	5	7
7	1	8	5	2	9	6	4	3
4	5	6	7	8	3	2	9	1
8	6	3	9	4	1	5	7	2
1	4	7	2	3	5	9	8	6
5	2	9	6	7	8	3	1	4
2	8	1	3	5	7	4	6	9
6	7	5	4	9	2	1	3	8
3	9	4	8	1	6	7	2	5

48

1	9	8	4	2	5	7	3	6
4	7	2	6	1	3	9	5	8
6	5	3	8	9	7	2	1	4
7	2	5	3	4	1	6	8	9
9	8	1	7	5	6	4	2	3
3	4	6	2	8	9	5	7	1
2	6	7	1	3	4	8	9	5
5	3	4	9	7	8	1	6	2
8	1	9	5	6	2	3	4	7

49

4	5	7	3	8	1	6	2	9
1	6	3	2	7	9	8	4	5
9	8	2	4	5	6	1	7	3
8	2	1	7	9	5	4	3	6
5	9	4	1	6	3	2	8	7
7	3	6	8	4	2	5	9	1
3	4	8	6	1	7	9	5	2
6	7	5	9	2	8	3	1	4
2	1	9	5	3	4	7	6	8

50

5	4	7	9	3	2	1	8	6
3	1	8	5	6	4	9	7	2
9	2	6	1	7	8	5	3	4
1	9	4	2	5	7	8	6	3
6	7	5	3	8	1	4	2	9
8	3	2	4	9	6	7	5	1
7	8	1	6	4	3	2	9	5
2	6	9	7	1	5	3	4	8
4	5	3	8	2	9	6	1	7

51

9	7	2	8	6	4	1	5	3
8	3	6	2	1	5	7	4	9
4	1	5	3	9	7	2	6	8
7	6	3	4	5	2	9	8	1
1	9	4	6	7	8	5	3	2
5	2	8	9	3	1	4	7	6
6	8	1	5	4	9	3	2	7
3	5	9	7	2	6	8	1	4
2	4	7	1	8	3	6	9	5

52

7	4	5	1	8	3	6	2	9
1	8	3	6	2	9	7	5	4
2	6	9	4	7	5	3	1	8
4	7	6	9	5	8	1	3	2
8	5	2	3	1	4	9	6	7
9	3	1	7	6	2	8	4	5
6	9	4	2	3	7	5	8	1
3	2	8	5	9	1	4	7	6
5	1	7	8	4	6	2	9	3

53

1	2	4	7	9	5	3	6	8
5	8	9	6	1	3	2	4	7
6	3	7	4	2	8	1	9	5
2	9	6	8	4	7	5	1	3
4	1	8	5	3	9	7	2	6
7	5	3	2	6	1	9	8	4
9	4	5	1	7	6	8	3	2
3	7	2	9	8	4	6	5	1
8	6	1	3	5	2	4	7	9

54

6	5	7	9	4	8	2	3	1
2	8	3	6	7	1	5	9	4
4	9	1	3	5	2	6	8	7
5	1	8	2	3	9	4	7	6
9	7	6	4	8	5	1	2	3
3	2	4	1	6	7	8	5	9
8	3	2	7	1	4	9	6	5
1	6	9	5	2	3	7	4	8
7	4	5	8	9	6	3	1	2

55

3	4	9	5	8	7	2	6	1
6	8	2	3	4	1	7	9	5
5	7	1	2	6	9	8	4	3
8	1	5	4	7	3	6	2	9
7	3	4	6	9	2	5	1	8
9	2	6	1	5	8	4	3	7
4	6	7	9	1	5	3	8	2
2	9	8	7	3	4	1	5	6
1	5	3	8	2	6	9	7	4

56

5	3	7	2	4	1	6	9	8
2	4	1	6	9	8	3	5	7
9	8	6	3	7	5	2	1	4
3	5	9	4	1	7	8	6	2
7	1	2	5	8	6	4	3	9
4	6	8	9	3	2	1	7	5
8	9	3	7	6	4	5	2	1
6	2	4	1	5	9	7	8	3
1	7	5	8	2	3	9	4	6

57

4	8	2	3	1	5	7	6	9
7	5	3	6	4	9	8	1	2
6	9	1	2	7	8	5	4	3
5	4	9	1	8	3	6	2	7
2	3	8	9	6	7	1	5	4
1	6	7	4	5	2	9	3	8
9	1	4	8	2	6	3	7	5
8	2	5	7	3	1	4	9	6
3	7	6	5	9	4	2	8	1

58

4	3	7	2	5	8	9	1	6
1	5	2	3	6	9	4	8	7
8	6	9	1	7	4	3	2	5
7	9	8	5	4	1	6	3	2
6	2	4	9	3	7	1	5	8
5	1	3	6	8	2	7	4	9
3	7	5	4	2	6	8	9	1
2	8	1	7	9	3	5	6	4
9	4	6	8	1	5	2	7	3

59

7	9	8	3	4	6	5	2	1
4	3	5	2	1	9	7	6	8
6	1	2	7	5	8	9	4	3
2	8	7	1	9	5	6	3	4
3	4	9	8	6	2	1	7	5
1	5	6	4	3	7	2	8	9
5	2	1	6	8	4	3	9	7
8	7	3	9	2	1	4	5	6
9	6	4	5	7	3	8	1	2

60

4	7	5	1	9	6	2	3	8
1	8	3	5	2	7	4	6	9
6	9	2	8	4	3	5	1	7
9	4	6	7	3	5	8	2	1
5	1	7	2	6	8	3	9	4
3	2	8	4	1	9	7	5	6
8	5	1	9	7	2	6	4	3
7	3	9	6	5	4	1	8	2
2	6	4	3	8	1	9	7	5

61

7	2	5	6	3	8	1	9	4
3	6	9	2	1	4	5	7	8
1	8	4	9	7	5	6	3	2
5	4	1	7	8	6	9	2	3
8	3	2	5	9	1	4	6	7
6	9	7	3	4	2	8	5	1
4	7	3	1	5	9	2	8	6
2	5	8	4	6	7	3	1	9
9	1	6	8	2	3	7	4	5

62

1	5	2	9	7	8	6	3	4
7	6	9	3	2	4	1	5	8
4	8	3	6	1	5	2	9	7
6	7	8	1	5	9	4	2	3
3	2	4	8	6	7	5	1	9
9	1	5	4	3	2	8	7	6
5	3	1	7	8	6	9	4	2
8	9	7	2	4	1	3	6	5
2	4	6	5	9	3	7	8	1

63

5	3	8	9	1	6	7	2	4
1	4	2	3	7	5	8	9	6
6	7	9	2	8	4	5	1	3
3	2	6	8	9	1	4	7	5
9	1	4	6	5	7	3	8	2
8	5	7	4	2	3	1	6	9
2	8	5	1	3	9	6	4	7
4	9	3	7	6	8	2	5	1
7	6	1	5	4	2	9	3	8

64

9	2	4	8	5	6	1	7	3
6	5	7	9	1	3	8	2	4
1	8	3	2	4	7	6	5	9
5	1	2	7	3	9	4	6	8
3	9	8	4	6	2	5	1	7
7	4	6	5	8	1	9	3	2
4	3	5	1	2	8	7	9	6
2	7	1	6	9	4	3	8	5
8	6	9	3	7	5	2	4	1

65

8	6	4	3	9	2	1	5	7
1	7	9	4	5	6	3	8	2
3	2	5	1	8	7	6	4	9
6	5	7	8	2	1	9	3	4
2	1	3	6	4	9	5	7	8
9	4	8	5	7	3	2	1	6
4	9	1	7	6	5	8	2	3
7	3	2	9	1	8	4	6	5
5	8	6	2	3	4	7	9	1

66

9	7	1	6	2	4	5	3	8
8	2	3	5	1	7	4	6	9
4	5	6	8	9	3	7	1	2
6	4	9	2	5	1	8	7	3
3	8	5	9	7	6	1	2	4
7	1	2	3	4	8	9	5	6
1	3	4	7	8	2	6	9	5
2	9	7	4	6	5	3	8	1
5	6	8	1	3	9	2	4	7

67

8	5	4	1	3	6	9	2	7
6	7	2	8	9	4	5	3	1
1	3	9	7	5	2	8	4	6
4	6	3	5	2	1	7	9	8
7	1	5	3	8	9	4	6	2
2	9	8	4	6	7	3	1	5
5	8	6	2	4	3	1	7	9
9	4	7	6	1	8	2	5	3
3	2	1	9	7	5	6	8	4

68

7	6	4	1	2	5	3	8	9
1	2	8	3	9	6	7	4	5
3	5	9	4	8	7	2	1	6
6	1	5	8	4	2	9	3	7
8	3	7	5	1	9	6	2	4
9	4	2	7	6	3	1	5	8
4	8	3	6	7	1	5	9	2
2	7	1	9	5	8	4	6	3
5	9	6	2	3	4	8	7	1

69

5	2	6	1	9	8	4	7	3
4	8	3	7	2	5	6	1	9
7	1	9	6	4	3	5	2	8
6	3	1	2	7	4	8	9	5
2	4	8	9	5	1	3	6	7
9	5	7	8	3	6	2	4	1
3	7	2	5	6	9	1	8	4
1	9	4	3	8	2	7	5	6
8	6	5	4	1	7	9	3	2

70

3	2	7	6	9	8	4	1	5
1	8	9	5	2	4	7	3	6
6	4	5	1	3	7	2	9	8
7	9	1	4	5	3	6	8	2
4	5	8	9	6	2	3	7	1
2	3	6	7	8	1	9	5	4
9	7	4	8	1	6	5	2	3
8	6	3	2	7	5	1	4	9
5	1	2	3	4	9	8	6	7

71

6	9	2	8	4	5	1	7	3
5	1	3	6	9	7	8	2	4
8	7	4	1	3	2	5	6	9
7	3	8	5	2	1	9	4	6
9	2	1	4	6	3	7	5	8
4	6	5	9	7	8	3	1	2
1	4	6	3	5	9	2	8	7
2	5	9	7	8	6	4	3	1
3	8	7	2	1	4	6	9	5

72

6	8	2	9	5	4	1	7	3
7	4	3	1	6	8	9	2	5
1	5	9	7	2	3	4	6	8
9	7	4	2	3	6	8	5	1
2	1	8	5	7	9	3	4	6
5	3	6	4	8	1	7	9	2
4	6	7	8	1	5	2	3	9
8	9	5	3	4	2	6	1	7
3	2	1	6	9	7	5	8	4

73

2	5	4	7	6	1	8	3	9
8	9	3	2	4	5	6	1	7
7	6	1	8	3	9	5	2	4
9	4	5	6	2	8	3	7	1
3	2	6	5	1	7	4	9	8
1	7	8	3	9	4	2	5	6
6	3	7	1	8	2	9	4	5
5	8	9	4	7	3	1	6	2
4	1	2	9	5	6	7	8	3

74

3	7	8	2	5	9	1	6	4
6	2	5	1	4	8	7	9	3
1	9	4	7	6	3	2	8	5
8	6	7	3	9	5	4	1	2
5	1	9	4	8	2	6	3	7
2	4	3	6	1	7	9	5	8
7	3	6	5	2	1	8	4	9
4	8	2	9	3	6	5	7	1
9	5	1	8	7	4	3	2	6

75

1	9	3	7	6	8	2	4	5
8	4	7	5	3	2	9	1	6
5	6	2	4	1	9	8	7	3
3	2	8	6	9	7	1	5	4
9	1	4	2	5	3	6	8	7
6	7	5	1	8	4	3	9	2
7	3	1	9	4	6	5	2	8
2	8	9	3	7	5	4	6	1
4	5	6	8	2	1	7	3	9

76

8	1	7	6	5	9	2	3	4
6	2	5	4	3	8	7	9	1
3	4	9	2	1	7	5	6	8
5	7	3	8	4	2	6	1	9
4	9	8	7	6	1	3	5	2
2	6	1	3	9	5	4	8	7
1	5	4	9	7	3	8	2	6
7	3	2	1	8	6	9	4	5
9	8	6	5	2	4	1	7	3

77

4	1	9	3	2	8	6	7	5
5	2	3	1	6	7	9	8	4
7	8	6	9	4	5	2	1	3
9	4	1	2	7	6	3	5	8
6	5	2	8	3	4	1	9	7
3	7	8	5	9	1	4	2	6
2	3	4	7	8	9	5	6	1
1	6	7	4	5	2	8	3	9
8	9	5	6	1	3	7	4	2

78

9	4	7	2	6	5	8	1	3
1	2	8	9	7	3	6	4	5
5	6	3	1	4	8	7	9	2
7	3	2	8	1	4	9	5	6
6	5	9	3	2	7	1	8	4
4	8	1	6	5	9	2	3	7
2	1	5	4	8	6	3	7	9
3	7	6	5	9	1	4	2	8
8	9	4	7	3	2	5	6	1

79

1	5	3	9	7	2	6	4	8
8	9	6	3	4	5	7	2	1
4	7	2	1	6	8	9	3	5
9	1	4	8	5	3	2	6	7
7	2	8	4	1	6	5	9	3
3	6	5	7	2	9	8	1	4
6	4	7	2	8	1	3	5	9
5	3	1	6	9	7	4	8	2
2	8	9	5	3	4	1	7	6

80

8	2	6	3	1	7	5	9	4
1	9	7	6	4	5	3	8	2
5	3	4	8	9	2	1	7	6
4	6	5	9	3	1	8	2	7
9	1	2	7	6	8	4	3	5
3	7	8	2	5	4	9	6	1
2	5	3	4	8	6	7	1	9
7	8	1	5	2	9	6	4	3
6	4	9	1	7	3	2	5	8

81

3	2	9	4	8	1	5	7	6
4	7	8	5	3	6	1	2	9
1	5	6	9	7	2	4	3	8
8	4	3	2	5	9	7	6	1
2	9	1	6	4	7	8	5	3
5	6	7	8	1	3	2	9	4
9	8	5	3	2	4	6	1	7
6	1	2	7	9	8	3	4	5
7	3	4	1	6	5	9	8	2

82

1	5	4	9	2	7	3	6	8
6	3	7	5	8	1	4	2	9
9	8	2	3	6	4	1	7	5
4	2	8	7	3	9	5	1	6
3	1	5	8	4	6	7	9	2
7	6	9	2	1	5	8	3	4
8	7	1	6	5	2	9	4	3
2	4	3	1	9	8	6	5	7
5	9	6	4	7	3	2	8	1

83

9	8	6	1	5	4	3	2	7
3	4	2	8	7	9	6	1	5
5	1	7	2	6	3	9	4	8
6	2	8	7	9	1	5	3	4
4	9	3	5	2	6	7	8	1
1	7	5	3	4	8	2	9	6
7	5	9	4	1	2	8	6	3
8	6	1	9	3	5	4	7	2
2	3	4	6	8	7	1	5	9

84

2	5	3	7	8	9	6	1	4
4	8	1	5	6	3	7	2	9
7	9	6	4	2	1	8	3	5
6	7	8	9	3	5	2	4	1
1	2	5	8	7	4	9	6	3
9	3	4	2	1	6	5	8	7
8	4	2	3	5	7	1	9	6
3	6	7	1	9	2	4	5	8
5	1	9	6	4	8	3	7	2

85

7	6	5	2	3	4	1	9	8
9	2	8	1	6	7	5	4	3
1	4	3	8	5	9	7	6	2
8	5	9	4	2	6	3	1	7
2	3	4	7	1	5	9	8	6
6	1	7	9	8	3	4	2	5
4	7	6	5	9	8	2	3	1
3	9	2	6	7	1	8	5	4
5	8	1	3	4	2	6	7	9

86

7	8	1	2	9	6	4	3	5
9	5	4	3	8	1	6	7	2
6	3	2	4	5	7	1	9	8
2	1	6	9	7	8	5	4	3
4	9	8	5	6	3	7	2	1
3	7	5	1	4	2	8	6	9
8	2	9	6	1	4	3	5	7
1	6	3	7	2	5	9	8	4
5	4	7	8	3	9	2	1	6

87

6	1	2	9	7	8	3	4	5
9	5	4	1	2	3	8	7	6
8	7	3	4	5	6	2	1	9
5	2	7	3	1	9	4	6	8
1	9	8	6	4	2	7	5	3
3	4	6	5	8	7	1	9	2
2	8	5	7	9	4	6	3	1
7	3	9	8	6	1	5	2	4
4	6	1	2	3	5	9	8	7

88

8	3	2	9	4	1	6	5	7
5	4	9	7	6	2	8	1	3
1	7	6	5	3	8	2	4	9
4	9	5	8	7	3	1	6	2
6	2	7	4	1	9	3	8	5
3	8	1	2	5	6	7	9	4
2	1	4	6	9	7	5	3	8
7	5	3	1	8	4	9	2	6
9	6	8	3	2	5	4	7	1

89

7	5	4	3	6	1	2	9	8
3	6	9	2	7	8	4	5	1
1	2	8	4	9	5	3	7	6
8	7	5	1	2	6	9	4	3
6	3	1	9	5	4	7	8	2
4	9	2	8	3	7	6	1	5
2	4	3	5	8	9	1	6	7
5	1	7	6	4	2	8	3	9
9	8	6	7	1	3	5	2	4

90

9	1	2	5	4	3	8	7	6
5	8	7	6	1	9	4	2	3
4	6	3	2	8	7	1	9	5
3	2	8	7	5	4	6	1	9
6	9	4	1	3	8	7	5	2
1	7	5	9	6	2	3	4	8
7	5	1	8	9	6	2	3	4
8	3	9	4	2	1	5	6	7
2	4	6	3	7	5	9	8	1

91

9	2	8	4	7	6	3	5	1
4	1	5	8	3	2	9	6	7
6	7	3	1	9	5	8	4	2
5	3	1	9	4	7	2	8	6
8	4	2	3	6	1	5	7	9
7	9	6	2	5	8	1	3	4
1	8	4	7	2	3	6	9	5
2	5	7	6	8	9	4	1	3
3	6	9	5	1	4	7	2	8

92

3	9	8	5	4	7	1	6	2
6	2	7	8	1	9	5	3	4
4	1	5	2	6	3	7	8	9
5	7	1	3	2	6	9	4	8
8	3	9	4	7	1	6	2	5
2	4	6	9	8	5	3	7	1
7	6	4	1	9	8	2	5	3
1	5	2	6	3	4	8	9	7
9	8	3	7	5	2	4	1	6

93

4	1	3	9	8	5	6	7	2
6	7	8	3	4	2	5	1	9
5	9	2	6	1	7	4	8	3
8	3	4	7	9	6	2	5	1
2	6	7	5	3	1	8	9	4
1	5	9	4	2	8	3	6	7
9	4	6	8	7	3	1	2	5
3	8	1	2	5	9	7	4	6
7	2	5	1	6	4	9	3	8

94

3	6	2	4	8	7	5	9	1
5	8	1	6	3	9	7	2	4
9	7	4	2	1	5	3	6	8
4	9	6	8	7	1	2	5	3
2	5	8	3	4	6	1	7	9
7	1	3	9	5	2	8	4	6
6	3	5	7	9	8	4	1	2
8	2	7	1	6	4	9	3	5
1	4	9	5	2	3	6	8	7

95

1	3	7	9	8	5	2	4	6
4	9	5	2	6	3	8	7	1
6	2	8	1	7	4	3	5	9
3	6	2	7	5	9	1	8	4
7	4	1	8	3	2	9	6	5
8	5	9	6	4	1	7	2	3
5	8	3	4	1	7	6	9	2
9	7	4	3	2	6	5	1	8
2	1	6	5	9	8	4	3	7

96

3	4	8	9	2	6	7	1	5
1	5	9	3	7	8	6	2	4
7	2	6	4	5	1	9	3	8
9	6	7	5	1	4	3	8	2
4	8	3	7	9	2	5	6	1
2	1	5	6	8	3	4	7	9
5	9	2	8	3	7	1	4	6
6	7	1	2	4	5	8	9	3
8	3	4	1	6	9	2	5	7

97

7	9	3	1	5	8	2	6	4
8	6	2	9	4	7	1	5	3
1	4	5	3	2	6	7	9	8
9	1	8	4	7	5	3	2	6
2	7	4	8	6	3	5	1	9
3	5	6	2	1	9	4	8	7
4	8	1	7	9	2	6	3	5
5	3	7	6	8	1	9	4	2
6	2	9	5	3	4	8	7	1

98

4	2	8	9	7	1	6	3	5
5	6	7	4	8	3	2	1	9
3	9	1	6	5	2	7	8	4
7	1	9	5	3	4	8	6	2
8	3	4	7	2	6	9	5	1
2	5	6	8	1	9	4	7	3
9	8	3	2	6	5	1	4	7
1	7	2	3	4	8	5	9	6
6	4	5	1	9	7	3	2	8

99

5	6	2	9	7	1	4	8	3
8	1	3	4	6	5	7	2	9
7	4	9	2	3	8	1	5	6
2	5	1	6	8	4	3	9	7
4	3	8	7	1	9	2	6	5
9	7	6	5	2	3	8	4	1
6	8	5	1	4	7	9	3	2
3	9	7	8	5	2	6	1	4
1	2	4	3	9	6	5	7	8

100

7	4	6	3	1	2	8	9	5
2	5	1	7	9	8	6	3	4
3	9	8	4	5	6	7	1	2
1	2	3	5	6	7	4	8	9
9	8	4	2	3	1	5	7	6
6	7	5	8	4	9	3	2	1
8	6	7	1	2	5	9	4	3
5	3	2	9	8	4	1	6	7
4	1	9	6	7	3	2	5	8

101

9	2	6	8	5	3	1	7	4
8	1	5	4	7	6	9	3	2
3	4	7	2	9	1	5	8	6
6	9	1	5	3	2	8	4	7
2	7	8	6	4	9	3	5	1
5	3	4	1	8	7	2	6	9
1	5	3	9	6	4	7	2	8
7	6	9	3	2	8	4	1	5
4	8	2	7	1	5	6	9	3

102

3	1	6	8	4	2	7	5	9
8	7	9	6	1	5	4	2	3
2	5	4	7	9	3	6	1	8
9	4	1	5	6	8	3	7	2
6	2	8	3	7	1	9	4	5
5	3	7	9	2	4	8	6	1
1	9	2	4	8	7	5	3	6
4	8	5	2	3	6	1	9	7
7	6	3	1	5	9	2	8	4

103

3	7	1	6	8	2	5	4	9
9	8	2	5	4	3	6	7	1
4	5	6	7	9	1	2	8	3
6	4	9	2	3	7	1	5	8
8	3	5	1	6	4	9	2	7
1	2	7	8	5	9	3	6	4
5	1	4	3	2	8	7	9	6
7	6	8	9	1	5	4	3	2
2	9	3	4	7	6	8	1	5

104

3	4	6	8	7	9	2	5	1
9	2	7	5	1	4	8	3	6
8	5	1	2	3	6	4	7	9
5	1	4	7	6	8	9	2	3
7	6	3	9	2	1	5	8	4
2	9	8	3	4	5	6	1	7
1	8	2	6	9	3	7	4	5
6	3	5	4	8	7	1	9	2
4	7	9	1	5	2	3	6	8

105

3	7	2	8	6	4	1	5	9
8	9	4	3	5	1	6	7	2
5	6	1	2	9	7	3	8	4
9	1	6	5	4	3	8	2	7
2	4	5	1	7	8	9	6	3
7	3	8	6	2	9	5	4	1
4	5	7	9	3	6	2	1	8
6	8	3	7	1	2	4	9	5
1	2	9	4	8	5	7	3	6

106

3	9	4	5	8	6	1	7	2
2	8	1	9	4	7	6	3	5
5	6	7	2	1	3	8	9	4
7	4	9	1	6	2	3	5	8
8	5	3	4	7	9	2	1	6
6	1	2	3	5	8	9	4	7
4	3	5	6	2	1	7	8	9
9	2	8	7	3	5	4	6	1
1	7	6	8	9	4	5	2	3

107

6	2	3	8	5	9	4	7	1
4	8	7	2	3	1	5	6	9
5	1	9	4	6	7	8	2	3
2	4	6	1	9	8	3	5	7
1	7	5	3	4	2	6	9	8
3	9	8	6	7	5	2	1	4
7	6	2	9	8	3	1	4	5
9	3	1	5	2	4	7	8	6
8	5	4	7	1	6	9	3	2

108

7	3	4	6	1	5	8	2	9
2	6	1	8	9	7	5	4	3
8	5	9	3	4	2	6	1	7
1	9	8	5	2	3	7	6	4
5	7	6	1	8	4	9	3	2
3	4	2	9	7	6	1	5	8
6	2	7	4	5	9	3	8	1
4	1	3	7	6	8	2	9	5
9	8	5	2	3	1	4	7	6

109

7	3	8	2	1	4	9	6	5
5	2	9	3	6	8	1	4	7
1	4	6	9	7	5	2	3	8
9	8	4	1	5	6	7	2	3
2	1	7	4	9	3	5	8	6
3	6	5	7	8	2	4	9	1
8	5	1	6	4	9	3	7	2
4	7	3	8	2	1	6	5	9
6	9	2	5	3	7	8	1	4

110

5	4	1	6	7	3	2	9	8
2	7	8	5	9	4	3	1	6
6	3	9	1	8	2	7	5	4
7	1	4	3	2	9	6	8	5
8	2	6	4	1	5	9	3	7
9	5	3	8	6	7	4	2	1
4	9	2	7	5	1	8	6	3
3	6	5	2	4	8	1	7	9
1	8	7	9	3	6	5	4	2

111

1	6	5	4	7	9	2	8	3
8	7	9	5	2	3	1	4	6
3	2	4	1	6	8	9	7	5
7	3	1	2	5	4	6	9	8
4	5	8	7	9	6	3	2	1
2	9	6	8	3	1	7	5	4
5	8	3	9	1	2	4	6	7
6	4	2	3	8	7	5	1	9
9	1	7	6	4	5	8	3	2

112

1	9	4	6	2	5	3	7	8
5	8	6	3	7	4	9	2	1
3	7	2	9	1	8	5	4	6
9	6	3	1	5	7	4	8	2
7	4	8	2	6	9	1	3	5
2	1	5	4	8	3	6	9	7
6	5	9	8	3	2	7	1	4
4	2	7	5	9	1	8	6	3
8	3	1	7	4	6	2	5	9

113

8	4	3	1	6	9	2	5	7
7	1	5	3	4	2	6	9	8
6	2	9	7	5	8	1	4	3
5	6	2	4	1	3	7	8	9
3	9	7	2	8	6	4	1	5
4	8	1	5	9	7	3	2	6
1	7	8	9	3	4	5	6	2
2	5	6	8	7	1	9	3	4
9	3	4	6	2	5	8	7	1

114

2	3	5	4	7	1	8	6	9
6	9	8	3	5	2	7	1	4
1	4	7	9	8	6	5	2	3
5	1	3	6	4	7	9	8	2
8	2	9	1	3	5	4	7	6
7	6	4	2	9	8	3	5	1
3	7	1	8	6	4	2	9	5
9	5	2	7	1	3	6	4	8
4	8	6	5	2	9	1	3	7

115

5	3	9	8	7	2	4	6	1
7	4	1	5	6	3	9	8	2
2	8	6	9	4	1	5	7	3
8	6	5	4	3	9	1	2	7
9	1	4	2	8	7	3	5	6
3	7	2	6	1	5	8	9	4
4	5	7	1	9	6	2	3	8
6	9	8	3	2	4	7	1	5
1	2	3	7	5	8	6	4	9

116

3	8	9	4	2	5	7	6	1
2	1	5	6	3	7	4	9	8
4	6	7	9	1	8	2	3	5
6	7	2	3	5	9	8	1	4
5	9	3	1	8	4	6	7	2
8	4	1	2	7	6	3	5	9
9	5	6	8	4	3	1	2	7
7	2	8	5	6	1	9	4	3
1	3	4	7	9	2	5	8	6

117

6	4	1	5	3	9	8	7	2
9	7	5	8	2	1	6	3	4
3	8	2	6	4	7	9	5	1
4	9	3	2	8	5	1	6	7
2	1	7	9	6	3	5	4	8
5	6	8	7	1	4	3	2	9
1	2	4	3	5	8	7	9	6
7	3	6	1	9	2	4	8	5
8	5	9	4	7	6	2	1	3

118

7	6	5	3	9	8	1	2	4
9	3	1	4	2	6	7	5	8
2	4	8	1	5	7	9	3	6
4	5	6	9	8	2	3	7	1
3	9	7	6	1	4	2	8	5
8	1	2	7	3	5	4	6	9
1	8	4	2	6	3	5	9	7
6	2	9	5	7	1	8	4	3
5	7	3	8	4	9	6	1	2

119

3	4	8	6	1	9	2	7	5
6	2	7	5	3	4	9	1	8
9	1	5	2	8	7	4	6	3
7	9	4	3	2	1	5	8	6
5	3	6	9	7	8	1	2	4
1	8	2	4	6	5	7	3	9
4	6	1	7	5	3	8	9	2
8	5	3	1	9	2	6	4	7
2	7	9	8	4	6	3	5	1

120

5	8	3	1	2	6	7	9	4
2	1	4	7	9	3	5	8	6
7	9	6	4	5	8	1	3	2
9	2	1	6	3	7	4	5	8
8	4	5	9	1	2	3	6	7
6	3	7	5	8	4	2	1	9
1	5	2	8	4	9	6	7	3
4	6	8	3	7	5	9	2	1
3	7	9	2	6	1	8	4	5

121

2	9	3	4	5	8	1	6	7
4	6	5	1	7	2	8	3	9
8	7	1	6	3	9	4	2	5
7	4	8	9	1	3	6	5	2
3	5	2	8	6	4	7	9	1
6	1	9	7	2	5	3	8	4
9	3	7	5	8	1	2	4	6
5	8	6	2	4	7	9	1	3
1	2	4	3	9	6	5	7	8

122

7	5	2	1	8	6	9	3	4
9	1	6	7	3	4	2	8	5
4	3	8	5	2	9	1	6	7
2	7	4	3	6	5	8	9	1
5	6	3	8	9	1	7	4	2
8	9	1	2	4	7	3	5	6
1	8	7	6	5	3	4	2	9
3	4	5	9	1	2	6	7	8
6	2	9	4	7	8	5	1	3

123

9	4	1	6	7	8	2	5	3
2	6	8	3	5	4	9	1	7
5	7	3	2	9	1	8	6	4
8	5	6	1	3	7	4	9	2
1	3	7	4	2	9	6	8	5
4	2	9	8	6	5	3	7	1
6	9	5	7	4	2	1	3	8
3	8	4	5	1	6	7	2	9
7	1	2	9	8	3	5	4	6

124

3	7	4	2	6	5	1	9	8
5	8	1	3	4	9	6	7	2
9	2	6	1	7	8	4	3	5
1	6	3	8	2	7	9	5	4
2	4	5	9	3	6	8	1	7
7	9	8	4	5	1	2	6	3
6	1	7	5	8	4	3	2	9
4	5	2	6	9	3	7	8	1
8	3	9	7	1	2	5	4	6

125

5	6	9	8	4	1	2	3	7
3	8	2	6	7	5	4	9	1
1	7	4	9	3	2	6	5	8
4	5	8	1	9	3	7	6	2
6	1	7	5	2	4	3	8	9
2	9	3	7	6	8	1	4	5
8	3	5	4	1	7	9	2	6
9	4	1	2	8	6	5	7	3
7	2	6	3	5	9	8	1	4

126

5	3	7	1	2	4	9	6	8
2	1	8	6	9	3	5	7	4
9	6	4	8	7	5	1	3	2
4	7	1	9	5	6	8	2	3
8	9	2	4	3	7	6	1	5
3	5	6	2	8	1	4	9	7
6	8	3	7	4	9	2	5	1
7	4	9	5	1	2	3	8	6
1	2	5	3	6	8	7	4	9

127

7	5	9	3	8	1	4	6	2
6	8	1	5	2	4	7	9	3
4	3	2	7	9	6	1	8	5
8	4	5	6	7	2	3	1	9
2	7	3	1	5	9	6	4	8
9	1	6	4	3	8	5	2	7
3	6	8	9	4	7	2	5	1
5	2	4	8	1	3	9	7	6
1	9	7	2	6	5	8	3	4

128

9	3	7	5	2	4	6	1	8
8	6	4	1	3	9	5	2	7
5	2	1	6	8	7	3	4	9
7	4	6	3	9	1	2	8	5
1	9	3	8	5	2	7	6	4
2	8	5	4	7	6	1	9	3
4	1	9	7	6	3	8	5	2
3	5	2	9	1	8	4	7	6
6	7	8	2	4	5	9	3	1

129

7	9	4	6	5	2	3	8	1
2	5	3	7	1	8	9	6	4
6	8	1	4	9	3	7	2	5
3	4	8	5	7	1	6	9	2
9	7	5	2	3	6	4	1	8
1	6	2	9	8	4	5	3	7
4	1	9	8	6	5	2	7	3
5	3	6	1	2	7	8	4	9
8	2	7	3	4	9	1	5	6

130

2	1	5	6	8	7	3	9	4
8	7	4	1	3	9	2	5	6
6	3	9	5	4	2	1	8	7
1	4	2	8	5	6	7	3	9
3	9	6	4	7	1	5	2	8
5	8	7	2	9	3	4	6	1
7	6	1	9	2	5	8	4	3
4	5	3	7	6	8	9	1	2
9	2	8	3	1	4	6	7	5

131

1	5	2	8	3	7	9	6	4
8	9	7	6	4	2	5	3	1
4	3	6	5	1	9	2	7	8
6	4	5	1	2	8	3	9	7
7	8	3	9	5	4	6	1	2
9	2	1	7	6	3	8	4	5
3	7	8	4	9	5	1	2	6
2	1	4	3	8	6	7	5	9
5	6	9	2	7	1	4	8	3

132

8	4	6	7	3	5	1	2	9
7	9	2	6	1	8	4	3	5
3	1	5	9	2	4	6	7	8
4	7	3	5	9	1	2	8	6
6	2	8	4	7	3	9	5	1
9	5	1	8	6	2	7	4	3
1	3	7	2	5	6	8	9	4
2	6	4	3	8	9	5	1	7
5	8	9	1	4	7	3	6	2

133

1	6	7	2	3	4	5	9	8
8	2	9	7	6	5	3	4	1
4	5	3	1	9	8	2	7	6
7	8	1	4	5	3	6	2	9
9	3	5	6	1	2	7	8	4
6	4	2	8	7	9	1	5	3
2	9	6	3	4	7	8	1	5
5	1	8	9	2	6	4	3	7
3	7	4	5	8	1	9	6	2

134

1	4	3	6	7	5	8	9	2
2	5	8	9	4	1	3	6	7
9	6	7	8	3	2	5	1	4
4	7	2	3	5	6	9	8	1
8	3	1	7	2	9	6	4	5
6	9	5	1	8	4	7	2	3
3	2	6	5	1	8	4	7	9
5	8	4	2	9	7	1	3	6
7	1	9	4	6	3	2	5	8

135

1	5	4	3	6	7	9	2	8
6	7	2	4	8	9	5	1	3
9	3	8	2	5	1	7	6	4
3	9	1	7	2	6	8	4	5
4	2	6	8	3	5	1	7	9
7	8	5	1	9	4	2	3	6
8	1	9	6	7	3	4	5	2
5	6	7	9	4	2	3	8	1
2	4	3	5	1	8	6	9	7

136

8	5	4	7	2	9	3	1	6
9	6	7	1	5	3	8	2	4
2	3	1	8	4	6	5	7	9
6	1	8	2	7	5	9	4	3
5	7	3	9	6	4	2	8	1
4	2	9	3	8	1	6	5	7
1	8	5	6	9	7	4	3	2
7	4	6	5	3	2	1	9	8
3	9	2	4	1	8	7	6	5

137

9	1	5	4	3	2	8	7	6
4	2	3	6	7	8	9	1	5
7	6	8	9	1	5	2	3	4
3	4	9	8	5	7	6	2	1
6	5	7	2	4	1	3	9	8
2	8	1	3	9	6	5	4	7
8	3	4	1	6	9	7	5	2
1	7	2	5	8	3	4	6	9
5	9	6	7	2	4	1	8	3

138

9	4	3	2	6	1	8	5	7
8	5	7	4	9	3	1	6	2
2	6	1	7	5	8	4	3	9
4	3	9	5	2	7	6	1	8
5	8	6	3	1	9	7	2	4
7	1	2	6	8	4	5	9	3
3	9	8	1	4	6	2	7	5
1	7	5	8	3	2	9	4	6
6	2	4	9	7	5	3	8	1

139

7	1	8	3	6	4	5	2	9
3	2	6	7	5	9	4	1	8
4	9	5	2	1	8	7	3	6
6	7	3	1	4	2	9	8	5
1	8	2	9	7	5	3	6	4
5	4	9	6	8	3	1	7	2
8	6	4	5	3	7	2	9	1
9	3	1	4	2	6	8	5	7
2	5	7	8	9	1	6	4	3

140

7	3	5	1	8	2	6	9	4
8	6	9	3	4	5	7	2	1
2	1	4	9	6	7	5	8	3
4	5	6	2	9	1	3	7	8
3	2	8	5	7	6	1	4	9
1	9	7	4	3	8	2	5	6
9	8	1	7	5	3	4	6	2
5	4	2	6	1	9	8	3	7
6	7	3	8	2	4	9	1	5

141

1	9	6	8	7	4	2	3	5
8	5	3	2	6	1	4	9	7
4	2	7	3	5	9	8	6	1
5	8	4	7	2	6	9	1	3
6	3	1	4	9	8	5	7	2
9	7	2	5	1	3	6	4	8
2	4	9	1	8	7	3	5	6
3	1	5	6	4	2	7	8	9
7	6	8	9	3	5	1	2	4

142

7	5	1	3	2	6	4	9	8
9	8	6	1	4	5	3	2	7
4	3	2	9	8	7	5	6	1
6	7	4	2	3	1	9	8	5
8	1	5	6	9	4	7	3	2
3	2	9	7	5	8	1	4	6
5	9	7	4	6	2	8	1	3
2	4	8	5	1	3	6	7	9
1	6	3	8	7	9	2	5	4

143

8	2	1	6	4	3	5	7	9
3	6	4	9	7	5	8	2	1
9	5	7	8	1	2	4	3	6
5	4	8	7	6	9	2	1	3
1	9	3	4	2	8	6	5	7
6	7	2	5	3	1	9	8	4
4	1	9	2	8	7	3	6	5
2	3	5	1	9	6	7	4	8
7	8	6	3	5	4	1	9	2

144

7	4	3	1	9	2	5	6	8
2	5	1	7	8	6	4	9	3
9	8	6	5	4	3	2	1	7
4	1	9	8	5	7	3	2	6
8	3	2	9	6	1	7	4	5
6	7	5	2	3	4	9	8	1
3	2	8	4	1	5	6	7	9
1	6	7	3	2	9	8	5	4
5	9	4	6	7	8	1	3	2

145

3	7	9	2	8	1	6	4	5
8	2	1	4	5	6	3	7	9
5	6	4	3	7	9	1	2	8
9	3	7	5	2	4	8	6	1
6	5	8	9	1	7	4	3	2
1	4	2	8	6	3	5	9	7
4	1	5	6	9	2	7	8	3
7	9	6	1	3	8	2	5	4
2	8	3	7	4	5	9	1	6

146

3	4	1	2	7	6	9	5	8
2	5	7	8	4	9	6	3	1
6	9	8	5	3	1	4	7	2
1	7	5	4	6	2	8	9	3
8	6	9	3	1	5	7	2	4
4	2	3	9	8	7	5	1	6
7	8	4	1	9	3	2	6	5
5	3	6	7	2	4	1	8	9
9	1	2	6	5	8	3	4	7

147

2	9	5	4	8	3	1	6	7
1	4	7	2	9	6	3	5	8
3	8	6	1	7	5	4	9	2
5	7	3	9	6	1	8	2	4
4	1	9	8	5	2	7	3	6
6	2	8	7	3	4	9	1	5
8	3	4	6	2	9	5	7	1
9	6	1	5	4	7	2	8	3
7	5	2	3	1	8	6	4	9

148

2	7	8	9	6	3	1	4	5
9	4	6	2	5	1	8	7	3
1	3	5	7	4	8	2	6	9
7	2	1	4	3	9	5	8	6
5	9	3	6	8	2	7	1	4
8	6	4	1	7	5	9	3	2
6	5	2	3	1	7	4	9	8
4	1	9	8	2	6	3	5	7
3	8	7	5	9	4	6	2	1

149

8	5	4	3	2	7	6	9	1
1	7	3	9	5	6	4	2	8
9	6	2	1	8	4	7	3	5
5	9	7	2	6	8	3	1	4
6	4	1	5	9	3	2	8	7
3	2	8	4	7	1	9	5	6
2	8	9	6	4	5	1	7	3
4	1	5	7	3	9	8	6	2
7	3	6	8	1	2	5	4	9

150

3	9	7	6	5	2	8	1	4
6	2	8	1	4	7	3	9	5
4	1	5	3	8	9	6	7	2
7	3	4	8	9	1	2	5	6
2	5	1	4	7	6	9	8	3
9	8	6	5	2	3	1	4	7
5	7	2	9	3	8	4	6	1
8	6	3	7	1	4	5	2	9
1	4	9	2	6	5	7	3	8

151

5	6	8	3	1	7	4	2	9
9	4	2	8	5	6	1	7	3
7	3	1	2	9	4	8	6	5
1	9	7	5	4	3	2	8	6
8	2	3	7	6	1	9	5	4
6	5	4	9	8	2	3	1	7
2	8	9	6	3	5	7	4	1
4	7	6	1	2	9	5	3	8
3	1	5	4	7	8	6	9	2

152

9	2	5	4	6	8	7	3	1
7	3	8	2	9	1	4	6	5
6	1	4	7	5	3	8	2	9
1	4	6	5	2	9	3	8	7
5	9	2	8	3	7	1	4	6
3	8	7	1	4	6	9	5	2
8	6	9	3	7	5	2	1	4
4	5	1	9	8	2	6	7	3
2	7	3	6	1	4	5	9	8

153

4	6	7	2	5	8	1	9	3
9	1	8	4	6	3	7	2	5
5	3	2	9	7	1	6	8	4
8	2	6	5	3	4	9	1	7
1	5	9	7	8	2	4	3	6
3	7	4	6	1	9	2	5	8
6	8	3	1	9	7	5	4	2
2	9	5	3	4	6	8	7	1
7	4	1	8	2	5	3	6	9

154

9	2	8	5	1	4	6	7	3
3	6	4	7	8	2	5	9	1
7	1	5	6	3	9	4	8	2
8	9	1	3	7	6	2	5	4
2	5	6	9	4	8	1	3	7
4	7	3	1	2	5	8	6	9
1	8	9	4	5	7	3	2	6
6	3	2	8	9	1	7	4	5
5	4	7	2	6	3	9	1	8

155

5	6	9	2	4	8	1	7	3
8	7	3	1	6	5	2	4	9
4	1	2	7	9	3	8	5	6
2	8	1	9	5	4	3	6	7
3	5	7	6	1	2	9	8	4
9	4	6	3	8	7	5	2	1
1	9	8	5	7	6	4	3	2
7	3	4	8	2	1	6	9	5
6	2	5	4	3	9	7	1	8

156

2	6	5	7	9	1	4	3	8
9	7	1	8	3	4	5	6	2
4	3	8	5	6	2	7	1	9
8	5	6	4	2	3	9	7	1
1	2	4	9	5	7	6	8	3
7	9	3	1	8	6	2	5	4
5	8	7	3	4	9	1	2	6
3	4	2	6	1	5	8	9	7
6	1	9	2	7	8	3	4	5

157

7	8	3	6	5	4	1	2	9
6	1	4	9	7	2	5	3	8
2	9	5	8	1	3	7	4	6
3	7	6	1	2	8	9	5	4
4	2	8	5	3	9	6	7	1
1	5	9	7	4	6	2	8	3
9	3	2	4	6	5	8	1	7
8	4	7	2	9	1	3	6	5
5	6	1	3	8	7	4	9	2

158

2	6	5	9	4	1	7	3	8
1	3	7	2	8	6	4	5	9
9	4	8	3	7	5	2	6	1
6	1	2	8	3	7	5	9	4
5	9	4	1	6	2	8	7	3
7	8	3	5	9	4	6	1	2
4	2	6	7	1	3	9	8	5
3	5	9	6	2	8	1	4	7
8	7	1	4	5	9	3	2	6

159

9	1	6	5	4	8	7	2	3
4	7	8	9	3	2	5	6	1
5	3	2	7	6	1	4	9	8
6	5	4	2	7	3	1	8	9
8	2	1	4	9	6	3	7	5
3	9	7	1	8	5	6	4	2
7	6	5	3	2	9	8	1	4
2	8	3	6	1	4	9	5	7
1	4	9	8	5	7	2	3	6

160

6	2	9	5	3	7	8	4	1
4	3	7	1	8	6	9	2	5
8	5	1	9	2	4	3	6	7
7	8	6	2	4	1	5	9	3
2	1	5	3	6	9	4	7	8
3	9	4	8	7	5	6	1	2
1	4	2	6	5	8	7	3	9
5	7	3	4	9	2	1	8	6
9	6	8	7	1	3	2	5	4

161

8	7	6	3	4	2	9	1	5
2	4	1	9	8	5	7	3	6
9	3	5	7	1	6	8	4	2
4	9	8	2	5	3	1	6	7
3	6	2	1	7	9	4	5	8
5	1	7	8	6	4	3	2	9
1	2	3	5	9	7	6	8	4
6	5	9	4	3	8	2	7	1
7	8	4	6	2	1	5	9	3

162

1	4	9	3	7	2	8	5	6
2	3	7	6	8	5	1	4	9
5	6	8	9	1	4	2	3	7
8	5	6	4	9	1	7	2	3
7	2	3	5	6	8	9	1	4
9	1	4	2	3	7	6	8	5
4	9	1	7	2	3	5	6	8
3	7	2	8	5	6	4	9	1
6	8	5	1	4	9	3	7	2

163

6	9	3	1	8	5	2	7	4
8	4	5	7	6	2	1	9	3
7	1	2	4	3	9	5	6	8
1	2	6	5	7	8	4	3	9
5	8	7	9	4	3	6	2	1
9	3	4	6	2	1	7	8	5
3	7	8	2	1	4	9	5	6
2	5	1	3	9	6	8	4	7
4	6	9	8	5	7	3	1	2

164

6	5	7	2	3	9	4	8	1
4	9	2	8	1	5	7	6	3
8	1	3	4	6	7	5	9	2
7	4	5	6	8	3	2	1	9
2	8	9	7	5	1	3	4	6
3	6	1	9	4	2	8	7	5
1	7	8	3	2	6	9	5	4
9	2	6	5	7	4	1	3	8
5	3	4	1	9	8	6	2	7

165

9	1	4	3	5	7	2	6	8
6	3	8	4	9	2	1	5	7
2	7	5	8	6	1	9	3	4
3	2	7	6	8	4	5	1	9
8	4	9	1	3	5	6	7	2
5	6	1	7	2	9	4	8	3
4	5	3	2	1	8	7	9	6
1	8	2	9	7	6	3	4	5
7	9	6	5	4	3	8	2	1

166

2	8	6	5	4	3	7	1	9
7	4	3	6	9	1	8	5	2
9	1	5	2	8	7	3	6	4
6	2	4	1	3	5	9	7	8
5	7	8	9	6	2	1	4	3
3	9	1	8	7	4	5	2	6
1	3	2	4	5	9	6	8	7
8	5	7	3	2	6	4	9	1
4	6	9	7	1	8	2	3	5

167

6	1	4	2	8	5	3	9	7
8	3	7	1	6	9	5	2	4
9	2	5	7	4	3	8	6	1
7	4	9	5	2	6	1	8	3
1	8	3	9	7	4	2	5	6
5	6	2	3	1	8	4	7	9
3	5	1	8	9	7	6	4	2
4	9	8	6	3	2	7	1	5
2	7	6	4	5	1	9	3	8

168

5	6	9	8	2	4	7	1	3
8	7	3	1	5	9	4	2	6
1	4	2	7	3	6	9	8	5
4	5	8	6	7	2	1	3	9
7	2	1	9	8	3	6	5	4
9	3	6	4	1	5	8	7	2
6	1	5	3	4	7	2	9	8
3	9	7	2	6	8	5	4	1
2	8	4	5	9	1	3	6	7

169

1	5	8	9	6	4	2	7	3
2	7	4	1	5	3	6	9	8
3	9	6	2	8	7	5	4	1
6	8	9	4	1	5	7	3	2
4	1	5	3	7	2	8	6	9
7	3	2	8	9	6	4	1	5
9	4	1	7	2	8	3	5	6
8	6	3	5	4	1	9	2	7
5	2	7	6	3	9	1	8	4

170

4	1	2	5	7	8	6	3	9
9	8	7	1	6	3	2	4	5
3	5	6	4	9	2	7	1	8
6	2	8	9	3	4	5	7	1
7	3	1	6	8	5	4	9	2
5	9	4	2	1	7	3	8	6
2	6	9	7	4	1	8	5	3
8	4	5	3	2	9	1	6	7
1	7	3	8	5	6	9	2	4

171

4	8	6	9	3	1	5	2	7
5	2	7	8	4	6	9	1	3
3	9	1	5	7	2	4	8	6
7	5	2	4	6	8	3	9	1
6	4	8	3	1	9	7	5	2
1	3	9	7	2	5	6	4	8
2	7	5	6	8	4	1	3	9
9	1	3	2	5	7	8	6	4
8	6	4	1	9	3	2	7	5

172

5	8	4	1	3	6	9	2	7
3	1	2	7	9	8	4	6	5
6	9	7	5	4	2	3	1	8
9	2	3	6	1	5	8	7	4
7	4	5	8	2	3	1	9	6
1	6	8	4	7	9	5	3	2
4	3	6	2	8	1	7	5	9
8	5	9	3	6	7	2	4	1
2	7	1	9	5	4	6	8	3

173

8	5	7	6	2	1	3	9	4
1	9	6	4	5	3	2	8	7
4	2	3	9	7	8	1	6	5
7	8	5	1	4	2	9	3	6
2	3	9	7	6	5	4	1	8
6	4	1	8	3	9	5	7	2
5	7	4	3	1	6	8	2	9
3	6	8	2	9	4	7	5	1
9	1	2	5	8	7	6	4	3

174

4	5	1	2	9	7	8	3	6
3	7	9	8	5	6	1	2	4
6	8	2	3	1	4	5	7	9
2	9	7	4	8	1	3	6	5
5	6	3	7	2	9	4	1	8
8	1	4	5	6	3	7	9	2
9	3	6	1	4	8	2	5	7
1	2	8	9	7	5	6	4	3
7	4	5	6	3	2	9	8	1

175

1	7	2	8	4	3	5	6	9
6	4	3	5	7	9	8	2	1
8	9	5	1	2	6	4	3	7
9	5	4	7	3	2	6	1	8
7	2	6	4	8	1	3	9	5
3	8	1	9	6	5	2	7	4
5	6	8	2	9	7	1	4	3
2	1	9	3	5	4	7	8	6
4	3	7	6	1	8	9	5	2

176

1	4	2	6	3	9	5	8	7
9	6	7	5	1	8	4	2	3
8	3	5	4	7	2	6	9	1
4	1	3	7	8	5	9	6	2
6	2	8	1	9	4	3	7	5
5	7	9	3	2	6	8	1	4
7	8	6	2	4	3	1	5	9
3	5	1	9	6	7	2	4	8
2	9	4	8	5	1	7	3	6

177

7	5	6	1	8	4	2	9	3
8	4	1	9	3	2	5	6	7
3	2	9	6	7	5	4	1	8
4	6	8	3	2	1	9	7	5
5	9	7	8	4	6	1	3	2
2	1	3	7	5	9	6	8	4
6	7	4	2	1	8	3	5	9
1	8	2	5	9	3	7	4	6
9	3	5	4	6	7	8	2	1

178

6	9	4	1	2	5	3	7	8
5	2	8	3	4	7	9	1	6
1	7	3	6	9	8	4	5	2
3	5	1	4	8	6	7	2	9
2	8	6	9	7	1	5	3	4
7	4	9	5	3	2	8	6	1
8	3	7	2	6	4	1	9	5
9	1	2	8	5	3	6	4	7
4	6	5	7	1	9	2	8	3

179

7	5	2	8	4	3	1	9	6
8	4	9	2	6	1	3	5	7
1	3	6	9	5	7	8	2	4
2	6	8	1	9	5	4	7	3
3	1	5	7	2	4	6	8	9
9	7	4	3	8	6	5	1	2
5	9	1	6	3	2	7	4	8
4	8	3	5	7	9	2	6	1
6	2	7	4	1	8	9	3	5

180

4	6	8	5	3	7	9	2	1
5	1	9	6	2	8	3	4	7
3	7	2	9	4	1	5	6	8
7	2	4	8	1	5	6	3	9
8	5	3	2	9	6	7	1	4
1	9	6	3	7	4	2	8	5
2	3	5	4	8	9	1	7	6
6	4	7	1	5	2	8	9	3
9	8	1	7	6	3	4	5	2

181

8	2	4	3	1	7	5	6	9
5	6	7	4	9	2	3	8	1
1	3	9	5	6	8	2	4	7
6	9	2	7	8	3	4	1	5
7	1	8	9	4	5	6	2	3
4	5	3	6	2	1	7	9	8
2	4	5	8	3	9	1	7	6
3	8	6	1	7	4	9	5	2
9	7	1	2	5	6	8	3	4

182

2	7	3	1	6	5	9	4	8
4	5	1	7	8	9	3	6	2
6	8	9	4	3	2	7	1	5
9	1	6	2	7	8	4	5	3
7	4	8	5	9	3	6	2	1
5	3	2	6	1	4	8	7	9
3	2	4	8	5	7	1	9	6
1	9	7	3	2	6	5	8	4
8	6	5	9	4	1	2	3	7

183

8	2	7	9	4	6	3	5	1
9	3	4	1	8	5	7	2	6
6	5	1	2	7	3	8	4	9
1	6	5	3	9	4	2	8	7
2	7	8	6	5	1	4	9	3
4	9	3	8	2	7	1	6	5
3	8	9	7	6	2	5	1	4
7	4	6	5	1	8	9	3	2
5	1	2	4	3	9	6	7	8

184

5	6	4	7	3	2	9	8	1
9	3	2	8	1	5	6	4	7
1	8	7	4	6	9	5	2	3
8	7	3	1	5	4	2	9	6
2	5	6	3	9	8	1	7	4
4	9	1	6	2	7	3	5	8
6	4	9	5	8	1	7	3	2
3	2	8	9	7	6	4	1	5
7	1	5	2	4	3	8	6	9

185

5	2	9	7	3	8	6	4	1
1	7	8	6	2	4	9	3	5
4	6	3	9	5	1	7	8	2
2	4	7	5	6	3	8	1	9
6	9	1	8	4	2	3	5	7
8	3	5	1	7	9	4	2	6
3	5	4	2	9	6	1	7	8
9	1	2	4	8	7	5	6	3
7	8	6	3	1	5	2	9	4

186

7	9	6	3	8	4	1	2	5
1	2	3	7	6	5	9	8	4
5	8	4	2	1	9	6	3	7
6	7	1	9	3	2	5	4	8
8	4	9	5	7	1	2	6	3
2	3	5	6	4	8	7	9	1
3	1	2	8	5	6	4	7	9
9	5	7	4	2	3	8	1	6
4	6	8	1	9	7	3	5	2

187

6	7	5	3	9	1	2	8	4
3	2	9	8	4	5	6	7	1
1	8	4	2	7	6	9	5	3
4	5	3	9	6	7	1	2	8
2	9	8	1	3	4	5	6	7
7	6	1	5	2	8	4	3	9
8	1	2	4	5	3	7	9	6
5	3	6	7	1	9	8	4	2
9	4	7	6	8	2	3	1	5

188

9	8	7	1	5	2	4	3	6
5	4	3	8	6	7	9	2	1
6	1	2	4	9	3	7	5	8
3	6	8	2	4	5	1	9	7
7	9	5	3	1	6	8	4	2
4	2	1	7	8	9	5	6	3
1	7	6	5	3	4	2	8	9
8	3	4	9	2	1	6	7	5
2	5	9	6	7	8	3	1	4

189

3	6	7	9	8	2	5	1	4
8	5	2	4	1	3	9	6	7
4	9	1	7	6	5	8	2	3
6	3	9	1	2	4	7	5	8
7	2	4	5	3	8	6	9	1
1	8	5	6	9	7	4	3	2
5	1	8	3	4	9	2	7	6
9	4	3	2	7	6	1	8	5
2	7	6	8	5	1	3	4	9

190

4	1	6	2	3	7	9	8	5
9	7	2	5	1	8	3	4	6
8	5	3	6	9	4	1	7	2
3	9	8	7	2	1	5	6	4
5	2	4	8	6	3	7	9	1
1	6	7	4	5	9	8	2	3
6	8	5	3	7	2	4	1	9
2	4	1	9	8	5	6	3	7
7	3	9	1	4	6	2	5	8

191

5	3	1	4	7	2	8	6	9
2	9	8	6	3	1	5	4	7
6	4	7	5	8	9	2	3	1
1	6	5	2	4	7	3	9	8
7	2	4	8	9	3	1	5	6
9	8	3	1	6	5	4	7	2
3	1	6	9	5	8	7	2	4
4	5	2	7	1	6	9	8	3
8	7	9	3	2	4	6	1	5

192

2	6	8	5	7	3	9	4	1
7	3	1	9	4	8	5	6	2
5	9	4	6	2	1	3	7	8
6	1	7	4	3	5	2	8	9
9	5	2	7	8	6	4	1	3
4	8	3	2	1	9	7	5	6
1	2	9	8	5	4	6	3	7
3	7	5	1	6	2	8	9	4
8	4	6	3	9	7	1	2	5

193

6	9	4	3	8	1	5	2	7
5	7	3	9	2	6	8	4	1
8	1	2	4	5	7	3	6	9
1	4	7	2	6	3	9	5	8
9	3	8	7	4	5	2	1	6
2	6	5	1	9	8	4	7	3
7	8	1	5	3	2	6	9	4
3	2	9	6	1	4	7	8	5
4	5	6	8	7	9	1	3	2

194

8	1	2	7	6	9	3	4	5
9	7	6	4	5	3	1	2	8
5	4	3	2	8	1	6	9	7
7	6	9	1	3	8	2	5	4
2	5	8	6	4	7	9	1	3
4	3	1	9	2	5	7	8	6
6	2	7	5	9	4	8	3	1
3	9	5	8	1	6	4	7	2
1	8	4	3	7	2	5	6	9

195

7	4	1	9	2	3	5	8	6
5	3	6	7	8	1	2	9	4
9	2	8	6	4	5	1	7	3
8	6	7	4	5	9	3	1	2
4	9	3	1	7	2	6	5	8
2	1	5	8	3	6	7	4	9
6	8	4	2	1	7	9	3	5
1	5	2	3	9	4	8	6	7
3	7	9	5	6	8	4	2	1

196

6	1	5	7	4	9	8	2	3
4	3	9	2	8	6	1	5	7
8	7	2	3	1	5	9	6	4
9	8	7	6	2	1	3	4	5
5	4	6	9	3	8	7	1	2
1	2	3	5	7	4	6	8	9
2	6	8	4	9	7	5	3	1
3	9	1	8	5	2	4	7	6
7	5	4	1	6	3	2	9	8

197

3	9	2	7	8	5	1	6	4
8	1	7	4	9	6	2	3	5
4	6	5	1	3	2	8	9	7
9	3	4	8	6	7	5	1	2
1	2	8	5	4	3	9	7	6
7	5	6	2	1	9	3	4	8
6	4	1	9	2	8	7	5	3
5	8	3	6	7	1	4	2	9
2	7	9	3	5	4	6	8	1

198

7	6	1	9	3	2	4	8	5
5	9	8	4	1	7	6	2	3
3	4	2	5	8	6	1	7	9
9	2	4	6	5	8	3	1	7
6	8	5	1	7	3	2	9	4
1	7	3	2	9	4	5	6	8
8	1	7	3	6	5	9	4	2
2	3	9	7	4	1	8	5	6
4	5	6	8	2	9	7	3	1

199

7	2	8	4	6	9	3	5	1
3	6	4	1	2	5	9	8	7
1	9	5	3	7	8	4	2	6
5	1	2	8	4	6	7	3	9
8	4	6	7	9	3	2	1	5
9	3	7	2	5	1	6	4	8
6	7	3	5	8	4	1	9	2
4	5	9	6	1	2	8	7	3
2	8	1	9	3	7	5	6	4

200

4	8	2	3	7	9	6	5	1
5	1	3	6	2	8	4	7	9
6	9	7	1	4	5	3	2	8
2	7	1	4	5	3	8	9	6
9	5	4	8	6	2	7	1	3
8	3	6	9	1	7	2	4	5
7	2	8	5	9	6	1	3	4
1	6	5	2	3	4	9	8	7
3	4	9	7	8	1	5	6	2

201

7	8	5	3	2	1	6	4	9
3	4	6	7	8	9	2	1	5
1	2	9	4	6	5	3	7	8
2	3	4	6	5	7	8	9	1
8	5	1	2	9	4	7	3	6
6	9	7	8	1	3	4	5	2
4	1	2	9	3	8	5	6	7
9	7	8	5	4	6	1	2	3
5	6	3	1	7	2	9	8	4

202

1	2	5	4	6	7	3	8	9
6	3	9	2	8	1	4	5	7
4	8	7	3	5	9	2	6	1
5	7	8	1	2	6	9	4	3
2	9	4	7	3	8	6	1	5
3	1	6	9	4	5	8	7	2
7	4	3	8	1	2	5	9	6
8	5	1	6	9	3	7	2	4
9	6	2	5	7	4	1	3	8

203

1	4	2	8	3	9	7	5	6
9	3	6	1	5	7	8	2	4
5	8	7	6	2	4	1	3	9
7	6	1	2	4	3	5	9	8
4	9	3	5	8	6	2	7	1
2	5	8	9	7	1	4	6	3
6	2	9	4	1	5	3	8	7
8	7	4	3	9	2	6	1	5
3	1	5	7	6	8	9	4	2

204

4	2	9	6	8	5	1	3	7
1	3	7	2	9	4	8	5	6
5	6	8	7	1	3	4	2	9
7	1	3	4	2	9	6	8	5
9	4	2	5	6	8	7	1	3
8	5	6	3	7	1	9	4	2
3	7	1	9	4	2	5	6	8
6	8	5	1	3	7	2	9	4
2	9	4	8	5	6	3	7	1

205

5	6	1	2	4	7	9	8	3
3	4	7	9	8	1	5	6	2
8	2	9	6	3	5	1	4	7
2	1	4	7	9	6	8	3	5
7	3	6	1	5	8	2	9	4
9	8	5	3	2	4	7	1	6
6	7	8	4	1	2	3	5	9
1	9	2	5	6	3	4	7	8
4	5	3	8	7	9	6	2	1

206

9	7	3	5	6	8	1	2	4
8	1	5	4	2	7	9	3	6
4	2	6	9	3	1	5	8	7
7	4	2	3	1	5	8	6	9
5	3	1	6	8	9	7	4	2
6	9	8	2	7	4	3	1	5
1	8	4	7	9	6	2	5	3
3	6	7	8	5	2	4	9	1
2	5	9	1	4	3	6	7	8

207

9	5	7	6	8	1	4	3	2
8	2	1	9	4	3	7	6	5
4	3	6	5	2	7	1	9	8
3	4	9	1	5	8	2	7	6
6	7	2	3	9	4	5	8	1
1	8	5	2	7	6	9	4	3
5	9	8	4	3	2	6	1	7
2	1	3	7	6	9	8	5	4
7	6	4	8	1	5	3	2	9

208

9	4	5	1	2	8	6	7	3
7	8	2	3	4	6	1	9	5
6	3	1	7	9	5	4	2	8
4	2	3	6	5	9	8	1	7
1	9	7	4	8	3	2	5	6
5	6	8	2	7	1	9	3	4
8	1	4	9	3	7	5	6	2
3	5	6	8	1	2	7	4	9
2	7	9	5	6	4	3	8	1

209

2	9	6	1	3	4	7	8	5
4	5	7	6	9	8	1	3	2
1	3	8	5	2	7	9	6	4
8	7	2	9	6	3	4	5	1
5	6	9	4	1	2	3	7	8
3	4	1	7	8	5	2	9	6
6	1	5	3	4	9	8	2	7
7	8	3	2	5	1	6	4	9
9	2	4	8	7	6	5	1	3

210

4	6	3	7	5	1	9	8	2
5	9	2	8	6	4	1	3	7
8	7	1	3	9	2	5	6	4
1	3	9	4	8	6	7	2	5
6	4	8	2	7	5	3	9	1
2	5	7	1	3	9	6	4	8
9	1	6	5	2	8	4	7	3
3	2	4	6	1	7	8	5	9
7	8	5	9	4	3	2	1	6

211

8	1	9	2	5	4	6	3	7
5	3	6	8	7	1	9	2	4
2	7	4	3	6	9	5	8	1
7	6	1	9	8	3	2	4	5
3	9	2	1	4	5	8	7	6
4	8	5	6	2	7	3	1	9
6	4	7	5	3	2	1	9	8
1	2	8	7	9	6	4	5	3
9	5	3	4	1	8	7	6	2

212

6	2	7	8	5	9	1	3	4
1	3	5	4	7	6	9	2	8
8	9	4	2	1	3	7	5	6
5	7	6	1	3	4	8	9	2
3	4	1	9	8	2	5	6	7
2	8	9	7	6	5	4	1	3
7	5	2	3	4	1	6	8	9
9	1	8	6	2	7	3	4	5
4	6	3	5	9	8	2	7	1

213

9	4	7	2	3	5	6	1	8
1	2	3	8	6	9	5	4	7
8	5	6	4	1	7	9	3	2
2	7	1	3	5	4	8	6	9
6	9	8	1	7	2	3	5	4
4	3	5	6	9	8	2	7	1
7	1	9	5	8	3	4	2	6
5	8	2	7	4	6	1	9	3
3	6	4	9	2	1	7	8	5

214

2	6	5	8	1	9	7	4	3
1	3	9	4	7	2	6	5	8
7	8	4	3	6	5	9	2	1
9	7	8	2	4	6	3	1	5
5	1	2	9	3	7	8	6	4
6	4	3	5	8	1	2	7	9
4	2	7	1	9	8	5	3	6
3	9	6	7	5	4	1	8	2
8	5	1	6	2	3	4	9	7

215

3	9	7	1	6	5	4	8	2
2	8	6	7	4	3	5	9	1
5	4	1	9	8	2	3	7	6
1	2	9	6	3	8	7	4	5
6	5	8	4	7	1	2	3	9
7	3	4	2	5	9	6	1	8
9	1	5	3	2	4	8	6	7
8	6	3	5	1	7	9	2	4
4	7	2	8	9	6	1	5	3

216

7	9	3	1	2	4	6	8	5
8	4	1	7	6	5	2	9	3
5	2	6	3	9	8	4	1	7
2	1	8	9	5	7	3	6	4
3	6	4	2	8	1	5	7	9
9	5	7	6	4	3	8	2	1
1	7	2	4	3	6	9	5	8
6	3	5	8	1	9	7	4	2
4	8	9	5	7	2	1	3	6

217

9	3	8	1	5	6	4	2	7
1	7	2	3	8	4	9	5	6
5	6	4	9	2	7	3	1	8
6	4	7	5	1	3	2	8	9
2	1	3	8	4	9	6	7	5
8	5	9	6	7	2	1	4	3
3	2	5	7	9	1	8	6	4
7	9	1	4	6	8	5	3	2
4	8	6	2	3	5	7	9	1

218

4	1	5	6	9	2	3	8	7
8	7	3	1	4	5	2	6	9
2	6	9	8	7	3	1	5	4
6	9	1	3	5	7	8	4	2
5	8	7	2	6	4	9	3	1
3	2	4	9	1	8	5	7	6
7	4	2	5	3	9	6	1	8
9	3	6	4	8	1	7	2	5
1	5	8	7	2	6	4	9	3

219

7	6	9	2	3	8	1	4	5
2	8	3	5	1	4	6	9	7
4	5	1	9	7	6	3	8	2
9	7	6	1	2	5	8	3	4
1	3	4	6	8	7	2	5	9
5	2	8	3	4	9	7	1	6
8	1	5	4	6	2	9	7	3
6	4	7	8	9	3	5	2	1
3	9	2	7	5	1	4	6	8

220

5	3	6	1	7	8	4	9	2
8	7	1	4	2	9	5	3	6
9	2	4	5	3	6	7	1	8
6	4	7	2	5	1	9	8	3
2	5	8	9	4	3	1	6	7
1	9	3	8	6	7	2	4	5
7	6	9	3	1	5	8	2	4
3	8	2	7	9	4	6	5	1
4	1	5	6	8	2	3	7	9

221

5	7	6	9	1	2	4	3	8
1	4	3	5	7	8	2	6	9
8	2	9	4	3	6	1	5	7
4	3	5	8	2	7	9	1	6
7	9	2	6	5	1	8	4	3
6	8	1	3	4	9	5	7	2
9	6	4	7	8	5	3	2	1
2	5	8	1	6	3	7	9	4
3	1	7	2	9	4	6	8	5

222

6	3	1	7	9	8	2	5	4
8	9	5	1	2	4	3	6	7
2	7	4	6	3	5	9	1	8
5	8	2	3	4	1	6	7	9
4	6	9	8	7	2	5	3	1
7	1	3	9	5	6	8	4	2
9	4	8	5	1	3	7	2	6
3	2	7	4	6	9	1	8	5
1	5	6	2	8	7	4	9	3

223

2	6	4	8	1	3	9	5	7
1	8	5	6	9	7	4	3	2
9	7	3	2	4	5	6	1	8
3	4	8	1	7	6	2	9	5
5	1	7	9	3	2	8	4	6
6	9	2	4	5	8	1	7	3
7	2	9	3	6	1	5	8	4
4	5	6	7	8	9	3	2	1
8	3	1	5	2	4	7	6	9

224

5	7	8	9	3	2	6	1	4
3	9	4	8	1	6	2	7	5
2	6	1	4	5	7	9	3	8
1	8	9	6	4	5	3	2	7
6	2	5	7	8	3	1	4	9
7	4	3	2	9	1	5	8	6
4	5	6	1	2	8	7	9	3
9	3	2	5	7	4	8	6	1
8	1	7	3	6	9	4	5	2

225

4	7	2	9	3	5	8	1	6
3	8	6	7	1	4	2	5	9
9	5	1	6	8	2	4	3	7
5	1	4	2	7	8	6	9	3
2	6	8	3	5	9	7	4	1
7	3	9	4	6	1	5	2	8
8	4	3	1	2	6	9	7	5
1	2	5	8	9	7	3	6	4
6	9	7	5	4	3	1	8	2

226

2	6	9	7	3	1	8	5	4
3	7	8	5	4	6	1	9	2
4	1	5	2	8	9	7	6	3
9	8	1	3	6	2	4	7	5
6	5	3	1	7	4	2	8	9
7	2	4	9	5	8	6	3	1
8	4	2	6	9	3	5	1	7
1	9	7	8	2	5	3	4	6
5	3	6	4	1	7	9	2	8

227

5	4	8	6	9	3	7	2	1
1	2	3	7	5	4	6	9	8
7	6	9	2	1	8	4	5	3
2	8	5	9	4	7	1	3	6
6	7	1	5	3	2	9	8	4
9	3	4	1	8	6	5	7	2
8	1	6	3	7	9	2	4	5
3	9	2	4	6	5	8	1	7
4	5	7	8	2	1	3	6	9

228

5	7	1	9	8	2	4	3	6
9	8	6	5	3	4	2	7	1
3	2	4	1	6	7	5	9	8
6	3	8	7	5	1	9	4	2
1	9	7	4	2	8	6	5	3
4	5	2	3	9	6	1	8	7
2	6	5	8	7	9	3	1	4
8	4	9	6	1	3	7	2	5
7	1	3	2	4	5	8	6	9

229

7	6	1	9	5	8	4	2	3
2	5	3	4	1	6	7	9	8
8	4	9	7	3	2	1	6	5
9	2	5	8	7	3	6	4	1
4	1	6	2	9	5	3	8	7
3	8	7	6	4	1	2	5	9
1	3	8	5	2	4	9	7	6
6	7	2	1	8	9	5	3	4
5	9	4	3	6	7	8	1	2

230

4	5	1	7	3	8	6	9	2
7	9	2	6	1	4	8	3	5
8	6	3	5	2	9	1	7	4
1	8	7	4	9	5	2	6	3
5	3	9	2	6	7	4	1	8
6	2	4	3	8	1	7	5	9
2	7	5	1	4	3	9	8	6
3	4	8	9	7	6	5	2	1
9	1	6	8	5	2	3	4	7

231

4	5	3	2	9	7	8	1	6
7	1	6	8	4	5	3	9	2
8	9	2	3	6	1	4	7	5
1	2	8	4	3	6	9	5	7
6	4	7	1	5	9	2	8	3
5	3	9	7	2	8	1	6	4
3	6	5	9	1	4	7	2	8
2	7	1	5	8	3	6	4	9
9	8	4	6	7	2	5	3	1

232

1	9	4	7	3	8	6	2	5
7	8	6	2	4	5	9	3	1
2	5	3	1	6	9	8	7	4
9	6	2	3	5	7	1	4	8
3	4	1	6	8	2	7	5	9
8	7	5	4	9	1	2	6	3
5	2	9	8	7	4	3	1	6
6	1	8	5	2	3	4	9	7
4	3	7	9	1	6	5	8	2

233

3	6	2	9	4	7	8	5	1
8	5	9	3	1	6	7	2	4
4	1	7	8	5	2	9	3	6
9	7	5	4	6	8	3	1	2
6	4	8	1	2	3	5	9	7
2	3	1	5	7	9	6	4	8
1	9	3	6	8	4	2	7	5
5	2	6	7	9	1	4	8	3
7	8	4	2	3	5	1	6	9

234

6	5	1	9	8	4	2	3	7
9	7	8	5	3	2	4	1	6
3	4	2	1	6	7	8	9	5
7	9	4	3	2	5	1	6	8
2	3	5	8	1	6	7	4	9
8	1	6	7	4	9	3	5	2
4	8	9	6	7	1	5	2	3
1	6	3	2	5	8	9	7	4
5	2	7	4	9	3	6	8	1

235

2	9	6	8	5	1	4	3	7
1	4	5	6	7	3	9	8	2
8	3	7	9	4	2	5	6	1
6	7	3	1	9	5	8	2	4
4	2	8	3	6	7	1	5	9
9	5	1	4	2	8	3	7	6
5	6	9	7	3	4	2	1	8
3	1	4	2	8	6	7	9	5
7	8	2	5	1	9	6	4	3

236

9	2	3	1	8	7	5	6	4
4	5	6	2	9	3	1	7	8
8	1	7	5	4	6	2	3	9
7	8	5	4	6	2	9	1	3
6	4	2	9	3	1	8	5	7
3	9	1	8	7	5	4	2	6
1	3	8	7	5	4	6	9	2
2	6	9	3	1	8	7	4	5
5	7	4	6	2	9	3	8	1

237

4	1	8	5	3	6	7	9	2
6	9	2	7	4	8	3	1	5
7	3	5	1	2	9	6	8	4
3	2	7	8	6	4	9	5	1
5	8	9	3	1	7	4	2	6
1	4	6	9	5	2	8	3	7
9	6	1	4	8	5	2	7	3
2	7	3	6	9	1	5	4	8
8	5	4	2	7	3	1	6	9

238

3	9	2	4	6	5	7	1	8
5	4	6	8	7	1	2	3	9
1	8	7	9	2	3	6	5	4
2	1	9	3	4	6	8	7	5
6	3	4	5	8	7	9	2	1
7	5	8	1	9	2	4	6	3
9	7	1	2	3	4	5	8	6
4	2	3	6	5	8	1	9	7
8	6	5	7	1	9	3	4	2

239

6	4	7	5	3	8	1	9	2
3	8	1	7	9	2	6	5	4
5	9	2	6	1	4	3	8	7
2	7	3	8	5	9	4	1	6
9	6	4	2	7	1	8	3	5
1	5	8	4	6	3	2	7	9
7	3	5	1	4	6	9	2	8
8	1	6	9	2	7	5	4	3
4	2	9	3	8	5	7	6	1

240

1	6	5	7	3	9	8	4	2
8	9	7	5	4	2	3	6	1
4	3	2	1	8	6	5	7	9
7	5	6	9	1	3	2	8	4
2	1	9	4	7	8	6	5	3
3	8	4	2	6	5	1	9	7
9	4	8	3	5	1	7	2	6
5	2	3	6	9	7	4	1	8
6	7	1	8	2	4	9	3	5

241

6	5	7	1	9	2	4	8	3
8	1	9	3	4	6	2	7	5
4	2	3	7	5	8	6	9	1
7	3	2	9	8	1	5	6	4
9	8	6	5	2	4	3	1	7
5	4	1	6	3	7	9	2	8
3	7	4	2	1	9	8	5	6
1	9	5	8	6	3	7	4	2
2	6	8	4	7	5	1	3	9

242

9	5	2	6	3	7	1	8	4
3	1	4	9	2	8	5	6	7
8	7	6	1	4	5	9	2	3
2	9	7	5	6	1	4	3	8
6	4	5	8	7	3	2	1	9
1	3	8	2	9	4	6	7	5
7	6	3	4	5	2	8	9	1
5	8	9	3	1	6	7	4	2
4	2	1	7	8	9	3	5	6

243

1	4	2	3	5	7	8	9	6
7	3	8	6	2	9	1	4	5
9	6	5	4	8	1	7	2	3
3	7	9	2	1	4	6	5	8
2	5	4	8	7	6	3	1	9
8	1	6	5	9	3	4	7	2
6	9	1	7	3	2	5	8	4
4	8	7	9	6	5	2	3	1
5	2	3	1	4	8	9	6	7

244

5	9	8	7	6	3	1	2	4
6	1	3	4	2	9	7	8	5
2	4	7	5	8	1	6	3	9
3	7	5	8	1	2	9	4	6
1	6	2	9	7	4	3	5	8
9	8	4	3	5	6	2	1	7
7	2	9	1	4	8	5	6	3
4	5	1	6	3	7	8	9	2
8	3	6	2	9	5	4	7	1

245

4	9	2	8	3	7	5	6	1
1	6	5	4	9	2	3	7	8
7	8	3	5	6	1	4	9	2
5	1	4	6	2	8	7	3	9
6	2	9	7	1	3	8	5	4
3	7	8	9	5	4	2	1	6
8	5	6	3	4	9	1	2	7
2	3	7	1	8	6	9	4	5
9	4	1	2	7	5	6	8	3

246

6	4	9	3	5	8	2	1	7
1	5	2	9	4	7	8	3	6
3	8	7	1	6	2	9	4	5
9	7	4	5	8	1	6	2	3
2	1	6	4	7	3	5	8	9
8	3	5	6	2	9	1	7	4
4	9	3	2	1	6	7	5	8
5	2	8	7	9	4	3	6	1
7	6	1	8	3	5	4	9	2

247

2	6	3	8	4	1	5	9	7
8	4	9	6	7	5	3	1	2
5	7	1	3	9	2	4	8	6
7	1	6	2	3	4	9	5	8
9	5	8	1	6	7	2	4	3
3	2	4	5	8	9	7	6	1
6	9	5	7	2	8	1	3	4
4	3	7	9	1	6	8	2	5
1	8	2	4	5	3	6	7	9

248

6	8	9	1	3	7	4	2	5
2	4	3	6	5	9	7	1	8
5	7	1	2	8	4	9	6	3
7	5	8	9	6	3	2	4	1
4	1	6	7	2	5	8	3	9
9	3	2	4	1	8	6	5	7
1	2	7	5	9	6	3	8	4
8	9	5	3	4	2	1	7	6
3	6	4	8	7	1	5	9	2

249

9	4	8	1	7	6	2	5	3
1	5	7	9	2	3	6	4	8
6	3	2	5	4	8	9	1	7
2	6	3	7	8	1	4	9	5
4	8	5	3	9	2	1	7	6
7	9	1	4	6	5	3	8	2
8	7	6	2	1	9	5	3	4
3	1	4	6	5	7	8	2	9
5	2	9	8	3	4	7	6	1

250

1	6	2	7	3	9	8	5	4
5	7	4	1	8	6	9	3	2
9	8	3	5	4	2	7	6	1
6	3	1	8	9	5	2	4	7
8	9	5	4	2	7	3	1	6
4	2	7	3	6	1	5	8	9
3	4	6	2	7	8	1	9	5
2	5	8	9	1	4	6	7	3
7	1	9	6	5	3	4	2	8

251

4	2	3	9	6	7	1	8	5
9	7	1	5	8	2	6	3	4
8	5	6	3	4	1	9	7	2
1	3	4	7	2	9	5	6	8
5	8	9	1	3	6	2	4	7
7	6	2	8	5	4	3	1	9
6	1	8	2	7	5	4	9	3
2	4	7	6	9	3	8	5	1
3	9	5	4	1	8	7	2	6

252

4	9	3	1	8	2	6	7	5
2	7	5	3	4	6	9	1	8
6	1	8	9	7	5	4	3	2
7	3	9	8	2	4	1	5	6
5	6	2	7	3	1	8	4	9
1	8	4	6	5	9	3	2	7
3	2	1	5	9	8	7	6	4
8	4	7	2	6	3	5	9	1
9	5	6	4	1	7	2	8	3

253

8	6	9	4	1	5	2	3	7
5	1	2	3	7	6	9	8	4
3	4	7	2	8	9	5	1	6
6	2	1	9	3	8	7	4	5
9	3	5	7	2	4	8	6	1
4	7	8	5	6	1	3	2	9
2	9	6	1	5	3	4	7	8
1	5	3	8	4	7	6	9	2
7	8	4	6	9	2	1	5	3

254

2	8	7	5	9	1	4	6	3
5	1	9	3	6	4	7	2	8
4	6	3	2	7	8	9	1	5
7	3	6	4	2	9	5	8	1
8	4	1	6	5	3	2	7	9
9	2	5	8	1	7	3	4	6
1	7	8	9	4	5	6	3	2
6	9	4	1	3	2	8	5	7
3	5	2	7	8	6	1	9	4

255

9	4	5	1	7	8	2	3	6
2	6	7	5	4	3	9	1	8
1	3	8	6	2	9	4	7	5
6	5	1	3	9	4	8	2	7
3	9	2	8	5	7	6	4	1
7	8	4	2	6	1	3	5	9
5	7	3	9	8	2	1	6	4
4	2	9	7	1	6	5	8	3
8	1	6	4	3	5	7	9	2

256

3	6	8	7	5	4	1	2	9
1	9	7	6	2	8	5	4	3
2	4	5	9	3	1	6	7	8
9	1	6	2	4	3	8	5	7
4	8	3	5	7	6	9	1	2
7	5	2	8	1	9	3	6	4
6	3	1	4	8	2	7	9	5
8	7	4	1	9	5	2	3	6
5	2	9	3	6	7	4	8	1

257

7	1	4	3	5	2	8	6	9
5	8	3	1	9	6	4	7	2
9	2	6	8	4	7	3	5	1
4	6	9	7	8	1	5	2	3
3	5	2	9	6	4	1	8	7
1	7	8	2	3	5	6	9	4
2	3	1	5	7	8	9	4	6
8	4	7	6	1	9	2	3	5
6	9	5	4	2	3	7	1	8

258

8	3	1	7	5	6	4	2	9
7	9	4	8	3	2	1	5	6
2	5	6	1	4	9	8	7	3
3	8	7	4	2	1	9	6	5
4	1	9	6	7	5	3	8	2
5	6	2	3	9	8	7	4	1
9	2	3	5	8	7	6	1	4
1	7	5	9	6	4	2	3	8
6	4	8	2	1	3	5	9	7

259

4	5	8	6	3	9	7	2	1
2	9	6	7	1	8	4	5	3
7	1	3	4	2	5	9	6	8
5	8	1	3	9	7	2	4	6
9	6	2	5	4	1	3	8	7
3	4	7	2	8	6	1	9	5
6	2	4	8	7	3	5	1	9
1	3	5	9	6	2	8	7	4
8	7	9	1	5	4	6	3	2

260

7	4	1	6	8	9	3	2	5
9	8	5	4	3	2	7	1	6
3	2	6	1	5	7	4	8	9
8	6	7	9	4	3	1	5	2
1	5	9	7	2	8	6	3	4
2	3	4	5	1	6	8	9	7
4	9	8	2	6	1	5	7	3
6	7	3	8	9	5	2	4	1
5	1	2	3	7	4	9	6	8

261

2	1	8	9	6	7	4	3	5
9	7	5	2	3	4	6	1	8
4	3	6	5	1	8	9	7	2
1	5	2	6	4	9	3	8	7
6	9	7	3	8	5	1	2	4
8	4	3	7	2	1	5	9	6
7	6	9	8	5	3	2	4	1
3	2	1	4	7	6	8	5	9
5	8	4	1	9	2	7	6	3

262

8	7	6	3	2	9	4	5	1
9	1	4	6	7	5	2	8	3
3	2	5	1	8	4	6	7	9
2	5	3	8	6	7	9	1	4
6	8	7	9	4	1	3	2	5
1	4	9	5	3	2	8	6	7
7	9	2	4	1	8	5	3	6
5	3	8	7	9	6	1	4	2
4	6	1	2	5	3	7	9	8

263

4	6	7	1	9	5	8	2	3
8	5	9	7	2	3	1	4	6
1	2	3	6	8	4	9	7	5
5	3	4	9	6	2	7	8	1
7	9	1	3	4	8	5	6	2
6	8	2	5	7	1	3	9	4
2	7	5	4	1	9	6	3	8
3	4	6	8	5	7	2	1	9
9	1	8	2	3	6	4	5	7

264

6	7	1	8	4	3	9	5	2
2	4	5	9	7	1	3	6	8
3	9	8	2	6	5	4	1	7
5	3	6	1	8	4	7	2	9
9	1	4	7	5	2	6	8	3
8	2	7	3	9	6	1	4	5
7	8	2	4	1	9	5	3	6
1	5	9	6	3	8	2	7	4
4	6	3	5	2	7	8	9	1

265

4	9	3	6	5	2	7	1	8
8	6	1	4	3	7	5	2	9
2	7	5	9	8	1	6	3	4
9	1	6	7	4	3	8	5	2
7	3	4	5	2	8	1	9	6
5	2	8	1	9	6	4	7	3
6	4	7	3	1	9	2	8	5
3	5	2	8	7	4	9	6	1
1	8	9	2	6	5	3	4	7

266

8	1	2	6	4	3	9	7	5
9	5	4	7	1	2	6	3	8
3	6	7	9	8	5	2	1	4
7	3	1	4	2	8	5	6	9
4	9	5	1	7	6	3	8	2
2	8	6	3	5	9	1	4	7
1	7	9	2	3	4	8	5	6
5	2	3	8	6	7	4	9	1
6	4	8	5	9	1	7	2	3

267

8	1	5	3	2	7	4	9	6
7	6	9	8	4	1	3	5	2
4	3	2	6	9	5	1	8	7
9	4	1	7	5	2	8	6	3
2	8	6	1	3	4	9	7	5
3	5	7	9	6	8	2	4	1
6	2	8	5	1	9	7	3	4
5	9	4	2	7	3	6	1	8
1	7	3	4	8	6	5	2	9

268

7	5	2	8	4	3	9	6	1
1	6	4	2	9	7	3	5	8
3	9	8	5	6	1	7	2	4
8	1	5	4	7	6	2	9	3
4	3	6	9	2	8	1	7	5
2	7	9	1	3	5	4	8	6
5	8	3	7	1	9	6	4	2
6	4	7	3	8	2	5	1	9
9	2	1	6	5	4	8	3	7

269

3	7	9	6	8	2	5	1	4
8	2	1	9	5	4	7	6	3
6	4	5	3	7	1	2	9	8
4	5	8	1	3	7	9	2	6
9	6	2	5	4	8	3	7	1
7	1	3	2	6	9	8	4	5
2	9	6	8	1	3	4	5	7
1	3	7	4	9	5	6	8	2
5	8	4	7	2	6	1	3	9

270

8	5	7	4	6	1	3	9	2
3	1	6	9	5	2	7	4	8
9	4	2	7	3	8	5	6	1
2	8	3	5	1	9	4	7	6
4	6	1	8	7	3	9	2	5
7	9	5	6	2	4	8	1	3
1	2	8	3	9	7	6	5	4
5	7	4	2	8	6	1	3	9
6	3	9	1	4	5	2	8	7

271

4	8	3	6	7	5	2	1	9
1	2	5	4	9	8	7	6	3
7	9	6	3	2	1	5	4	8
2	3	9	8	6	4	1	7	5
6	1	8	9	5	7	3	2	4
5	7	4	2	1	3	9	8	6
8	6	1	7	3	9	4	5	2
9	5	2	1	4	6	8	3	7
3	4	7	5	8	2	6	9	1

272

7	5	1	6	4	9	3	8	2
3	2	6	7	8	5	4	1	9
8	4	9	2	3	1	6	7	5
1	3	8	5	9	7	2	6	4
2	9	7	4	6	8	1	5	3
4	6	5	1	2	3	8	9	7
9	7	2	8	1	4	5	3	6
6	8	3	9	5	2	7	4	1
5	1	4	3	7	6	9	2	8

273

1	4	3	5	6	9	2	7	8
6	5	7	3	8	2	4	9	1
8	2	9	7	1	4	3	5	6
2	3	8	1	5	6	7	4	9
5	7	4	8	9	3	6	1	2
9	6	1	2	4	7	5	8	3
4	9	2	6	7	1	8	3	5
3	1	5	4	2	8	9	6	7
7	8	6	9	3	5	1	2	4

274

3	8	1	7	5	6	4	9	2
9	2	7	4	3	1	6	5	8
4	6	5	8	9	2	7	3	1
2	7	3	1	4	8	9	6	5
1	5	4	3	6	9	8	2	7
8	9	6	2	7	5	1	4	3
7	3	2	9	1	4	5	8	6
6	1	9	5	8	3	2	7	4
5	4	8	6	2	7	3	1	9

275

1	5	4	2	3	8	7	9	6
3	8	9	5	7	6	4	2	1
6	7	2	1	4	9	3	5	8
4	9	7	3	6	1	5	8	2
8	3	6	4	5	2	9	1	7
2	1	5	8	9	7	6	4	3
5	6	8	7	1	4	2	3	9
7	2	3	9	8	5	1	6	4
9	4	1	6	2	3	8	7	5

276

3	6	9	2	8	7	1	5	4
8	2	4	6	1	5	3	9	7
5	7	1	9	3	4	2	6	8
6	9	2	8	7	3	4	1	5
1	5	3	4	6	2	7	8	9
7	4	8	1	5	9	6	3	2
9	3	6	7	4	8	5	2	1
2	1	7	5	9	6	8	4	3
4	8	5	3	2	1	9	7	6

277

8	6	1	3	4	2	5	7	9
5	2	9	7	6	1	8	3	4
3	7	4	8	5	9	2	1	6
4	9	5	1	8	3	7	6	2
7	1	6	9	2	4	3	5	8
2	8	3	5	7	6	9	4	1
9	4	2	6	3	7	1	8	5
1	5	7	4	9	8	6	2	3
6	3	8	2	1	5	4	9	7

278

7	4	2	6	9	1	3	5	8
9	1	3	2	8	5	7	4	6
8	6	5	7	4	3	1	9	2
3	5	1	9	2	8	4	6	7
4	9	7	5	3	6	8	2	1
2	8	6	1	7	4	9	3	5
5	2	4	3	1	7	6	8	9
6	7	8	4	5	9	2	1	3
1	3	9	8	6	2	5	7	4

279

6	5	4	3	1	8	9	2	7
1	7	2	6	9	4	8	3	5
8	9	3	2	7	5	1	4	6
7	4	5	9	8	1	3	6	2
3	8	9	5	6	2	7	1	4
2	6	1	4	3	7	5	8	9
5	2	8	7	4	3	6	9	1
9	1	7	8	2	6	4	5	3
4	3	6	1	5	9	2	7	8

280

1	4	9	5	8	6	7	2	3
7	2	5	1	9	3	6	4	8
8	3	6	7	2	4	1	5	9
6	1	4	2	5	8	9	3	7
5	7	2	3	1	9	4	8	6
3	9	8	6	4	7	2	1	5
4	5	3	9	6	2	8	7	1
2	6	7	8	3	1	5	9	4
9	8	1	4	7	5	3	6	2

281

1	8	3	4	9	7	2	5	6
7	9	4	2	5	6	3	1	8
6	5	2	1	3	8	7	9	4
9	3	8	5	7	1	4	6	2
4	2	1	8	6	3	9	7	5
5	6	7	9	2	4	1	8	3
3	1	5	7	8	2	6	4	9
8	7	6	3	4	9	5	2	1
2	4	9	6	1	5	8	3	7

282

1	7	3	6	8	4	9	5	2
9	8	5	1	2	3	6	7	4
6	4	2	7	9	5	1	3	8
4	2	9	5	3	8	7	6	1
3	1	7	4	6	2	5	8	9
5	6	8	9	7	1	4	2	3
2	5	1	3	4	6	8	9	7
7	3	4	8	5	9	2	1	6
8	9	6	2	1	7	3	4	5

283

6	2	5	8	9	1	7	3	4
7	3	1	5	4	6	9	8	2
4	8	9	3	7	2	1	6	5
9	4	3	2	6	5	8	1	7
8	6	2	1	3	7	4	5	9
5	1	7	9	8	4	3	2	6
1	5	4	7	2	3	6	9	8
3	9	6	4	5	8	2	7	1
2	7	8	6	1	9	5	4	3

284

3	5	2	6	8	4	7	9	1
6	9	1	5	2	7	3	8	4
7	4	8	1	9	3	6	5	2
9	6	5	3	4	1	8	2	7
1	2	3	7	6	8	9	4	5
4	8	7	2	5	9	1	6	3
8	1	4	9	3	5	2	7	6
5	3	6	8	7	2	4	1	9
2	7	9	4	1	6	5	3	8

285

7	2	3	6	4	1	8	9	5
8	6	5	3	2	9	1	7	4
4	9	1	5	8	7	6	2	3
6	5	2	1	9	3	4	8	7
1	4	9	7	5	8	2	3	6
3	7	8	2	6	4	9	5	1
9	8	6	4	7	5	3	1	2
5	3	4	8	1	2	7	6	9
2	1	7	9	3	6	5	4	8

286

6	3	9	4	8	2	7	5	1
2	1	8	5	9	7	3	4	6
7	5	4	6	1	3	2	8	9
5	6	7	8	2	9	4	1	3
4	8	3	1	5	6	9	2	7
1	9	2	3	7	4	5	6	8
9	2	6	7	4	1	8	3	5
8	4	1	9	3	5	6	7	2
3	7	5	2	6	8	1	9	4

287

1	7	4	5	2	6	8	9	3
5	2	9	1	8	3	7	6	4
6	3	8	4	7	9	5	2	1
4	1	5	2	6	7	9	3	8
3	8	7	9	1	5	6	4	2
9	6	2	8	3	4	1	5	7
7	4	1	6	9	2	3	8	5
8	5	6	3	4	1	2	7	9
2	9	3	7	5	8	4	1	6

288

2	3	1	6	4	7	5	8	9
7	6	4	5	8	9	2	1	3
5	9	8	3	1	2	6	4	7
8	7	3	4	2	6	1	9	5
6	1	5	9	7	3	8	2	4
9	4	2	8	5	1	3	7	6
4	8	7	1	3	5	9	6	2
1	5	9	2	6	4	7	3	8
3	2	6	7	9	8	4	5	1

289

7	8	6	5	3	9	4	1	2
1	4	2	7	8	6	3	9	5
5	3	9	2	4	1	8	7	6
4	6	5	9	7	3	2	8	1
9	1	8	6	5	2	7	4	3
2	7	3	8	1	4	5	6	9
8	2	1	3	9	7	6	5	4
3	5	4	1	6	8	9	2	7
6	9	7	4	2	5	1	3	8

290

2	3	6	1	4	8	7	5	9
1	7	9	5	3	2	8	6	4
5	4	8	7	6	9	1	3	2
4	1	3	8	5	7	2	9	6
8	9	5	6	2	4	3	1	7
7	6	2	9	1	3	5	4	8
3	8	7	4	9	5	6	2	1
9	5	1	2	8	6	4	7	3
6	2	4	3	7	1	9	8	5

291

3	2	4	5	1	7	9	6	8
5	7	1	9	8	6	2	3	4
6	9	8	3	4	2	5	7	1
7	8	3	1	2	5	4	9	6
4	5	9	6	7	3	8	1	2
1	6	2	8	9	4	3	5	7
8	1	7	4	3	9	6	2	5
9	4	6	2	5	1	7	8	3
2	3	5	7	6	8	1	4	9

292

1	9	6	2	4	5	3	7	8
2	7	4	6	3	8	9	5	1
3	8	5	7	9	1	4	6	2
6	2	7	8	5	9	1	4	3
8	3	1	4	7	6	5	2	9
4	5	9	3	1	2	7	8	6
9	6	3	5	8	7	2	1	4
5	4	2	1	6	3	8	9	7
7	1	8	9	2	4	6	3	5

293

8	3	7	9	2	1	4	5	6
9	4	6	3	5	8	2	1	7
1	2	5	4	7	6	3	8	9
4	9	3	1	8	7	6	2	5
7	1	2	6	4	5	8	9	3
5	6	8	2	9	3	1	7	4
6	8	1	5	3	9	7	4	2
3	5	4	7	1	2	9	6	8
2	7	9	8	6	4	5	3	1

294

7	3	2	6	8	5	1	9	4
1	4	5	3	9	7	2	8	6
9	8	6	4	2	1	7	3	5
5	7	9	2	3	8	4	6	1
3	6	8	1	7	4	5	2	9
2	1	4	9	5	6	8	7	3
4	2	1	7	6	9	3	5	8
6	5	3	8	1	2	9	4	7
8	9	7	5	4	3	6	1	2

295

5	9	3	2	1	6	4	7	8
1	4	8	5	3	7	9	6	2
2	7	6	8	4	9	3	1	5
9	3	7	6	5	1	2	8	4
4	8	1	9	7	2	5	3	6
6	5	2	3	8	4	7	9	1
3	2	9	1	6	5	8	4	7
8	1	4	7	2	3	6	5	9
7	6	5	4	9	8	1	2	3

296

3	5	1	7	6	8	9	4	2
6	9	4	3	2	5	1	8	7
7	8	2	1	9	4	3	6	5
1	7	8	9	5	6	2	3	4
4	6	9	8	3	2	7	5	1
2	3	5	4	1	7	6	9	8
9	4	6	2	8	1	5	7	3
5	1	7	6	4	3	8	2	9
8	2	3	5	7	9	4	1	6

297

6	7	2	9	1	8	4	5	3
9	4	3	7	5	6	8	1	2
1	8	5	3	2	4	7	9	6
8	6	4	2	3	5	9	7	1
7	2	1	8	6	9	5	3	4
5	3	9	1	4	7	2	6	8
3	1	8	5	9	2	6	4	7
4	9	7	6	8	3	1	2	5
2	5	6	4	7	1	3	8	9

298

3	8	7	2	6	5	4	9	1
5	6	9	4	1	3	2	7	8
1	4	2	9	7	8	6	3	5
6	7	5	3	4	9	1	8	2
9	2	4	5	8	1	3	6	7
8	3	1	7	2	6	9	5	4
7	1	6	8	9	2	5	4	3
2	5	8	6	3	4	7	1	9
4	9	3	1	5	7	8	2	6

299

4	6	9	7	1	5	2	3	8
1	5	8	3	6	2	7	9	4
2	7	3	9	8	4	5	6	1
9	8	7	1	4	6	3	2	5
5	1	4	2	9	3	8	7	6
3	2	6	5	7	8	4	1	9
7	4	5	6	3	1	9	8	2
6	3	2	8	5	9	1	4	7
8	9	1	4	2	7	6	5	3

300

5	4	3	8	2	1	6	9	7
9	8	2	7	3	6	1	5	4
6	7	1	4	9	5	2	8	3
1	5	8	2	7	9	3	4	6
2	9	4	5	6	3	7	1	8
3	6	7	1	4	8	5	2	9
8	3	6	9	1	2	4	7	5
7	2	9	6	5	4	8	3	1
4	1	5	3	8	7	9	6	2

301

1	9	2	5	8	7	4	3	6
4	5	3	9	1	6	2	7	8
7	8	6	2	3	4	9	1	5
9	6	5	8	2	3	1	4	7
3	2	4	7	6	1	8	5	9
8	1	7	4	5	9	3	6	2
2	4	8	1	7	5	6	9	3
5	3	9	6	4	8	7	2	1
6	7	1	3	9	2	5	8	4

302

1	6	5	3	7	2	9	8	4
4	7	9	8	1	5	2	6	3
8	3	2	6	4	9	7	1	5
2	5	1	7	9	3	8	4	6
9	4	3	2	6	8	1	5	7
6	8	7	1	5	4	3	9	2
3	9	8	4	2	6	5	7	1
5	1	6	9	3	7	4	2	8
7	2	4	5	8	1	6	3	9

303

9	4	3	7	1	2	5	8	6
8	2	7	5	9	6	4	1	3
6	1	5	8	4	3	9	2	7
1	3	8	6	5	7	2	9	4
4	5	6	9	2	1	3	7	8
7	9	2	4	3	8	1	6	5
2	8	4	1	7	5	6	3	9
5	7	1	3	6	9	8	4	2
3	6	9	2	8	4	7	5	1

304

4	8	1	6	2	5	3	7	9
9	2	5	7	8	3	6	1	4
6	7	3	1	9	4	8	5	2
3	9	7	2	5	6	1	4	8
1	5	6	8	4	9	2	3	7
8	4	2	3	7	1	9	6	5
7	1	9	4	6	2	5	8	3
2	6	4	5	3	8	7	9	1
5	3	8	9	1	7	4	2	6

305

4	9	5	2	8	3	1	7	6
7	3	1	6	9	4	5	2	8
2	8	6	7	1	5	3	9	4
1	6	2	4	5	7	8	3	9
5	4	9	3	2	8	7	6	1
8	7	3	1	6	9	2	4	5
9	2	7	8	4	1	6	5	3
3	1	4	5	7	6	9	8	2
6	5	8	9	3	2	4	1	7

306

4	1	8	9	2	3	6	5	7
3	9	5	6	4	7	8	1	2
2	7	6	5	1	8	3	4	9
9	5	2	1	6	4	7	3	8
8	4	7	2	3	5	1	9	6
6	3	1	8	7	9	4	2	5
1	2	9	4	8	6	5	7	3
5	6	3	7	9	1	2	8	4
7	8	4	3	5	2	9	6	1

307

2	7	6	8	4	9	1	5	3
9	8	3	1	2	5	7	4	6
1	5	4	7	6	3	8	2	9
4	2	7	3	8	1	9	6	5
6	3	1	5	9	2	4	8	7
5	9	8	4	7	6	3	1	2
8	1	9	6	5	7	2	3	4
7	4	5	2	3	8	6	9	1
3	6	2	9	1	4	5	7	8

308

1	7	5	3	9	6	4	8	2
2	3	6	4	1	8	7	9	5
9	8	4	2	7	5	1	6	3
4	6	3	5	8	2	9	1	7
8	2	9	7	3	1	5	4	6
5	1	7	6	4	9	3	2	8
7	4	1	8	6	3	2	5	9
3	5	8	9	2	4	6	7	1
6	9	2	1	5	7	8	3	4

309

5	2	4	1	7	8	6	9	3
3	7	8	2	6	9	5	4	1
1	9	6	4	5	3	7	2	8
6	3	1	5	4	2	8	7	9
8	4	2	6	9	7	1	3	5
9	5	7	3	8	1	4	6	2
2	8	9	7	1	4	3	5	6
4	1	5	9	3	6	2	8	7
7	6	3	8	2	5	9	1	4

310

2	6	5	4	3	1	7	8	9
3	9	8	5	7	6	1	4	2
7	4	1	2	8	9	6	3	5
4	5	6	9	1	2	3	7	8
1	7	2	8	5	3	4	9	6
9	8	3	6	4	7	2	5	1
8	3	4	1	6	5	9	2	7
6	2	7	3	9	8	5	1	4
5	1	9	7	2	4	8	6	3

311

7	8	5	1	3	2	4	9	6
1	6	9	5	4	8	3	7	2
4	3	2	6	7	9	5	8	1
5	9	6	2	8	1	7	4	3
8	1	7	3	6	4	2	5	9
2	4	3	9	5	7	6	1	8
9	7	1	4	2	3	8	6	5
6	2	8	7	1	5	9	3	4
3	5	4	8	9	6	1	2	7

312

3	6	1	4	8	5	7	9	2
8	9	5	2	7	6	1	3	4
4	7	2	1	9	3	8	6	5
2	5	7	3	4	9	6	1	8
1	4	9	6	5	8	2	7	3
6	3	8	7	2	1	4	5	9
5	1	6	8	3	2	9	4	7
7	8	3	9	1	4	5	2	6
9	2	4	5	6	7	3	8	1

313

2	8	9	7	6	1	3	5	4
6	3	7	4	8	5	9	1	2
5	1	4	2	3	9	6	7	8
3	7	6	8	9	4	5	2	1
1	2	8	3	5	6	7	4	9
4	9	5	1	2	7	8	6	3
7	5	2	9	1	8	4	3	6
8	4	1	6	7	3	2	9	5
9	6	3	5	4	2	1	8	7

314

3	5	7	2	8	9	1	4	6
6	4	8	1	5	3	2	9	7
9	2	1	6	7	4	3	8	5
2	9	6	3	4	1	5	7	8
8	1	4	5	2	7	9	6	3
5	7	3	9	6	8	4	1	2
4	3	2	8	1	6	7	5	9
7	6	5	4	9	2	8	3	1
1	8	9	7	3	5	6	2	4

315

8	2	7	5	1	3	9	4	6
1	6	5	4	7	9	2	3	8
4	9	3	8	6	2	7	5	1
9	7	4	6	3	5	1	8	2
5	8	1	9	2	4	3	6	7
2	3	6	7	8	1	4	9	5
3	5	8	1	9	7	6	2	4
7	4	9	2	5	6	8	1	3
6	1	2	3	4	8	5	7	9

316

6	2	8	3	1	4	9	5	7
1	4	5	6	9	7	3	2	8
9	7	3	8	5	2	6	4	1
3	5	6	9	7	1	4	8	2
4	8	1	2	3	6	7	9	5
2	9	7	5	4	8	1	6	3
5	1	2	7	6	9	8	3	4
7	3	9	4	8	5	2	1	6
8	6	4	1	2	3	5	7	9

317

3	2	1	9	7	5	6	4	8
4	5	7	6	8	3	1	9	2
9	6	8	4	2	1	7	3	5
8	4	2	5	6	9	3	7	1
7	1	6	8	3	4	2	5	9
5	9	3	7	1	2	8	6	4
6	7	5	2	4	8	9	1	3
1	8	9	3	5	6	4	2	7
2	3	4	1	9	7	5	8	6

318

6	1	8	3	5	9	2	4	7
7	4	3	2	1	8	6	9	5
2	9	5	4	7	6	3	8	1
3	2	4	8	6	5	7	1	9
9	8	1	7	3	2	4	5	6
5	7	6	1	9	4	8	2	3
8	3	9	5	4	7	1	6	2
4	6	7	9	2	1	5	3	8
1	5	2	6	8	3	9	7	4

319

6	7	4	8	5	9	3	1	2
1	2	8	7	4	3	6	9	5
5	9	3	2	1	6	4	8	7
7	1	6	4	8	5	2	3	9
9	3	5	6	2	1	7	4	8
8	4	2	9	3	7	1	5	6
3	8	1	5	6	2	9	7	4
2	5	7	1	9	4	8	6	3
4	6	9	3	7	8	5	2	1

320

4	1	3	7	5	6	9	2	8
9	2	7	4	3	8	6	1	5
5	8	6	9	2	1	4	7	3
6	4	1	2	7	5	3	8	9
7	9	2	8	4	3	1	5	6
8	3	5	6	1	9	2	4	7
1	7	8	3	6	2	5	9	4
2	6	9	5	8	4	7	3	1
3	5	4	1	9	7	8	6	2

321

3	4	1	5	6	9	7	8	2
5	9	6	7	2	8	1	4	3
2	7	8	4	3	1	6	5	9
6	2	5	9	7	3	8	1	4
1	8	9	6	4	5	2	3	7
4	3	7	8	1	2	9	6	5
7	5	4	2	8	6	3	9	1
8	1	2	3	9	4	5	7	6
9	6	3	1	5	7	4	2	8

322

6	3	4	1	7	9	2	8	5
1	2	9	5	8	3	6	4	7
5	8	7	6	2	4	1	3	9
9	5	3	8	6	7	4	2	1
7	1	8	9	4	2	5	6	3
4	6	2	3	1	5	7	9	8
8	7	6	4	9	1	3	5	2
3	9	1	2	5	6	8	7	4
2	4	5	7	3	8	9	1	6

323

4	2	7	6	1	3	5	9	8
9	3	1	8	5	2	7	4	6
5	6	8	4	9	7	2	3	1
2	8	3	7	6	4	1	5	9
1	9	6	3	2	5	8	7	4
7	4	5	1	8	9	6	2	3
3	1	4	5	7	8	9	6	2
8	5	9	2	3	6	4	1	7
6	7	2	9	4	1	3	8	5

324

5	3	4	1	7	9	8	2	6
6	2	7	8	5	4	9	3	1
1	9	8	6	2	3	4	7	5
3	6	5	2	1	8	7	4	9
8	4	2	7	9	5	1	6	3
7	1	9	3	4	6	5	8	2
9	5	3	4	8	2	6	1	7
2	8	1	9	6	7	3	5	4
4	7	6	5	3	1	2	9	8

325

9	1	6	7	5	8	2	4	3
8	4	3	6	2	9	1	5	7
7	5	2	1	4	3	8	6	9
6	3	5	4	8	1	7	9	2
2	8	7	5	9	6	4	3	1
1	9	4	2	3	7	6	8	5
5	6	8	3	7	2	9	1	4
4	2	9	8	1	5	3	7	6
3	7	1	9	6	4	5	2	8

326

1	7	6	2	3	9	8	4	5
9	8	4	6	5	1	7	2	3
3	2	5	4	7	8	1	6	9
5	4	1	3	6	7	9	8	2
6	9	2	8	1	5	3	7	4
8	3	7	9	4	2	5	1	6
4	6	8	7	9	3	2	5	1
2	5	9	1	8	4	6	3	7
7	1	3	5	2	6	4	9	8

327

7	9	4	6	3	2	5	8	1
8	1	6	4	5	9	3	7	2
2	5	3	8	7	1	6	4	9
1	4	5	7	9	3	2	6	8
6	2	9	5	4	8	1	3	7
3	7	8	2	1	6	9	5	4
9	8	1	3	6	7	4	2	5
5	6	2	1	8	4	7	9	3
4	3	7	9	2	5	8	1	6

328

5	8	6	1	9	2	3	7	4
9	1	7	3	8	4	5	2	6
2	4	3	7	6	5	9	1	8
8	6	9	4	2	3	1	5	7
4	3	5	6	7	1	2	8	9
1	7	2	8	5	9	6	4	3
3	9	4	2	1	7	8	6	5
7	2	8	5	3	6	4	9	1
6	5	1	9	4	8	7	3	2

329

7	9	5	3	8	1	4	6	2
6	3	8	5	2	4	9	1	7
1	2	4	6	7	9	5	8	3
5	1	7	4	3	2	8	9	6
3	4	9	8	5	6	2	7	1
8	6	2	9	1	7	3	4	5
2	8	6	1	4	5	7	3	9
4	5	1	7	9	3	6	2	8
9	7	3	2	6	8	1	5	4

330

2	6	5	9	1	4	8	3	7
9	3	4	8	7	2	1	6	5
8	1	7	5	3	6	2	9	4
6	5	8	7	2	1	9	4	3
7	9	1	4	8	3	6	5	2
3	4	2	6	9	5	7	8	1
4	2	3	1	6	8	5	7	9
5	7	6	2	4	9	3	1	8
1	8	9	3	5	7	4	2	6

331

6	9	7	1	2	8	3	4	5
4	8	3	5	9	6	7	1	2
1	5	2	7	4	3	6	9	8
8	7	9	3	1	4	2	5	6
3	1	6	2	7	5	4	8	9
5	2	4	6	8	9	1	7	3
7	3	8	9	6	1	5	2	4
2	4	5	8	3	7	9	6	1
9	6	1	4	5	2	8	3	7

332

1	4	2	7	5	8	6	3	9
8	7	3	9	1	6	4	5	2
5	6	9	2	3	4	1	8	7
6	2	7	4	9	5	3	1	8
9	5	1	3	8	7	2	4	6
4	3	8	6	2	1	7	9	5
3	9	6	8	4	2	5	7	1
2	1	4	5	7	9	8	6	3
7	8	5	1	6	3	9	2	4

333

2	8	4	3	6	7	1	5	9
1	6	5	8	9	4	2	3	7
3	9	7	1	2	5	6	8	4
9	1	8	7	5	6	3	4	2
7	3	2	9	4	1	5	6	8
4	5	6	2	3	8	9	7	1
5	2	9	4	7	3	8	1	6
8	4	3	6	1	9	7	2	5
6	7	1	5	8	2	4	9	3

334

3	6	5	1	4	2	7	9	8
1	9	2	7	5	8	3	6	4
8	4	7	9	6	3	1	5	2
6	8	9	4	2	7	5	3	1
7	3	4	5	8	1	9	2	6
5	2	1	6	3	9	4	8	7
2	5	8	3	7	4	6	1	9
9	7	3	2	1	6	8	4	5
4	1	6	8	9	5	2	7	3

335

2	8	1	9	7	3	6	4	5
4	5	6	8	1	2	9	7	3
9	7	3	5	6	4	1	8	2
1	4	2	6	8	5	3	9	7
5	9	8	3	2	7	4	6	1
6	3	7	1	4	9	2	5	8
8	6	5	2	9	1	7	3	4
3	2	4	7	5	6	8	1	9
7	1	9	4	3	8	5	2	6

336

3	2	4	8	9	7	1	5	6
1	9	6	5	3	2	7	4	8
5	8	7	1	6	4	3	2	9
2	4	5	3	1	9	6	8	7
8	7	1	2	4	6	5	9	3
9	6	3	7	5	8	2	1	4
7	3	8	4	2	5	9	6	1
6	1	2	9	8	3	4	7	5
4	5	9	6	7	1	8	3	2

337

8	7	4	1	9	6	3	2	5
2	5	6	7	4	3	1	9	8
1	9	3	5	8	2	4	7	6
9	2	7	6	3	4	5	8	1
3	6	8	2	1	5	9	4	7
5	4	1	9	7	8	2	6	3
4	8	2	3	6	1	7	5	9
6	1	9	4	5	7	8	3	2
7	3	5	8	2	9	6	1	4

338

7	6	8	9	5	1	3	4	2
1	3	5	2	4	6	7	9	8
4	9	2	7	3	8	1	5	6
8	1	6	5	9	3	4	2	7
2	5	7	6	1	4	8	3	9
9	4	3	8	2	7	5	6	1
5	7	1	4	6	9	2	8	3
3	2	9	1	8	5	6	7	4
6	8	4	3	7	2	9	1	5

339

7	2	4	1	8	5	9	3	6
3	6	9	7	2	4	8	5	1
1	5	8	6	9	3	7	2	4
2	4	7	3	5	9	1	6	8
8	9	6	2	1	7	5	4	3
5	3	1	4	6	8	2	7	9
6	7	2	8	4	1	3	9	5
9	1	3	5	7	6	4	8	2
4	8	5	9	3	2	6	1	7

340

8	5	1	2	3	9	6	7	4
6	9	2	7	4	5	1	8	3
7	4	3	6	8	1	5	9	2
3	8	4	9	6	2	7	1	5
2	7	9	1	5	4	3	6	8
1	6	5	8	7	3	2	4	9
4	1	7	3	2	8	9	5	6
9	2	8	5	1	6	4	3	7
5	3	6	4	9	7	8	2	1

341

9	1	6	8	7	2	4	3	5
4	3	5	1	9	6	2	7	8
8	7	2	5	3	4	1	6	9
5	2	8	7	4	1	3	9	6
3	4	7	6	2	9	5	8	1
1	6	9	3	8	5	7	2	4
6	9	4	2	1	7	8	5	3
2	5	3	4	6	8	9	1	7
7	8	1	9	5	3	6	4	2

342

1	9	5	2	7	8	4	3	6
2	3	6	5	1	4	7	9	8
4	7	8	3	6	9	2	5	1
9	1	2	6	8	3	5	7	4
8	5	3	4	9	7	1	6	2
7	6	4	1	2	5	3	8	9
3	2	9	8	5	1	6	4	7
6	4	7	9	3	2	8	1	5
5	8	1	7	4	6	9	2	3

343

1	4	5	8	7	9	2	3	6
2	6	7	5	3	4	9	1	8
9	8	3	6	1	2	4	5	7
4	2	8	3	9	6	5	7	1
7	3	9	4	5	1	8	6	2
5	1	6	7	2	8	3	9	4
8	9	1	2	6	5	7	4	3
3	5	4	1	8	7	6	2	9
6	7	2	9	4	3	1	8	5

344

6	2	3	7	5	1	8	9	4
9	1	5	8	6	4	2	3	7
7	8	4	2	3	9	5	1	6
1	3	8	9	4	5	6	7	2
5	9	2	6	7	3	4	8	1
4	7	6	1	2	8	9	5	3
2	4	9	5	1	7	3	6	8
8	6	1	3	9	2	7	4	5
3	5	7	4	8	6	1	2	9

345

2	5	4	6	8	3	7	9	1
7	3	1	9	2	5	8	6	4
9	8	6	4	7	1	2	3	5
4	7	3	8	1	2	6	5	9
6	9	5	3	4	7	1	2	8
1	2	8	5	6	9	4	7	3
3	4	2	1	5	6	9	8	7
5	1	7	2	9	8	3	4	6
8	6	9	7	3	4	5	1	2

346

3	4	6	8	2	1	7	9	5
2	8	9	4	5	7	1	6	3
1	5	7	6	9	3	4	2	8
4	7	1	5	8	9	6	3	2
8	6	3	7	1	2	9	5	4
5	9	2	3	4	6	8	1	7
9	1	4	2	3	8	5	7	6
7	2	8	9	6	5	3	4	1
6	3	5	1	7	4	2	8	9

347

5	3	4	7	8	1	9	2	6
9	7	8	3	6	2	1	5	4
2	6	1	5	9	4	8	3	7
6	4	2	1	5	9	3	7	8
1	8	7	6	2	3	5	4	9
3	9	5	4	7	8	6	1	2
8	5	6	2	3	7	4	9	1
4	2	3	9	1	6	7	8	5
7	1	9	8	4	5	2	6	3

348

1	9	4	3	8	2	7	5	6
7	6	2	1	5	9	3	4	8
8	5	3	6	7	4	1	2	9
6	1	8	9	2	7	4	3	5
9	4	7	5	3	1	8	6	2
3	2	5	4	6	8	9	1	7
5	7	6	8	4	3	2	9	1
2	3	1	7	9	5	6	8	4
4	8	9	2	1	6	5	7	3